PELA DEMOCRATIZAÇÃO DA POLÍTICA EXTERNA BRASILEIRA

Proibida a reprodução total ou parcial em qualquer mídia
sem a autorização escrita da editora.
Os infratores estão sujeitos às penas da lei.

A Editora não é responsável pelo conteúdo deste livro.
O Autor conhece os fatos narrados, pelos quais é responsável,
assim como se responsabiliza pelos juízos emitidos.

As opiniões apresentadas neste manifesto são de caráter pessoal
e não refletem as posições do Ministério das Relações Exteriores do Brasil.

Consulte nosso catálogo completo e últimos lançamentos em **www.editoracontexto.com.br**.

PELA DEMOCRATIZAÇÃO DA POLÍTICA EXTERNA BRASILEIRA

GUSTAVO WESTMANN

Copyright © 2023 do Autor

Todos os direitos desta edição reservados à
Editora Contexto (Editora Pinsky Ltda.)

Montagem de capa e diagramação
Gustavo S. Vilas Boas

Preparação de textos
Ana Paula Luccisano

Revisão
Erika Alonso

Dados Internacionais de Catalogação na Publicação (CIP)

Westmann, Gustavo
Pela democratização da política externa brasileira /
Gustavo Westmann. – São Paulo : Contexto, 2023.
128 p.

Bibliografia
ISBN 978-65-5541-274-1

1. Relações internacionais 2. Política externa I. Título.

23-3108   CDD 327

Angélica Ilacqua – Bibliotecária – CRB-8/7057

Índice para catálogo sistemático:
1. Relações internacionais

2023

EDITORA CONTEXTO
Diretor editorial: *Jaime Pinsky*

Rua Dr. José Elias, 520 – Alto da Lapa
05083-030 – São Paulo – SP
PABX: (11) 3832 5838
contato@editoracontexto.com.br
www.editoracontexto.com.br

SUMÁRIO

Introdução..7

**A política externa brasileira
em uma ordem global em transformações**......................15
    Grandes ambições, sucessos inconsistentes 17
    Continuidades, inflexões e uma ruptura alarmante 22

Política externa como política pública...........................31
    Redesenhando práticas e estratégias................................37

**Pela participação de novos atores
nos rumos da agenda internacional do país**......................45
    Quem faz política externa no Brasil?..................................49
    Os novos atores da política
        externa brasileira no século XXI 53
    Política externa e sociedade civil organizada...................58
    Gerenciando um novo modelo
        de cooperação intersetorial 61

Brasil, eterno país do futuro?...................67

Cultura, tradição e política externa....................71

O desperdício do poder brando brasileiro...................73

Escassos recursos, resultados insuficientes...................76

Uma sociedade pouco preparada
para lidar com temas de política externa...................82

**Em direção à democratização
da política externa brasileira**...................89

Por um novo papel para o Legislativo...................91

Pela renovação da comunicação com
a sociedade e por novas ferramentas de *e-democracy*......93

Por um Conselho Nacional de Política Externa...................97

Pela criação de laboratórios
de inovação em política externa...................101

Por reformas estruturais
no Ministério das Relações Exteriores...................104

Considerações finais...................113

Notas...................119

Bibliografia...................121

O autor...................127

INTRODUÇÃO

A democracia está em crise, mas ela é resiliente. No início dos anos 2020, quase um terço da população mundial vivia sob regimes autoritários, e a inclinação ao autoritarismo continua presente em diversas partes do planeta.

Estados que pareciam histórias de sucesso promissoras surpreenderam ao se distanciar das liberdades civis e políticas fundamentais. Enquanto isso, as "grandes" democracias estão cada vez mais envolvidas em desafios internos, que passam por profundas crises econômicas, desigualdades crescentes, fragmentação política, problemas ambientais e questões migratórias. Trata-se de um movimento global, que corresponde a um ciclo conservador do capitalismo neoliberal, recentemente agravado pela pandemia da covid-19 e pela guerra na Ucrânia.

Em parte, a crise da democracia resulta da desilusão dos cidadãos comuns com suas promessas e a consequente perda de confiança nas instituições. O aumento das tensões sociais, a falta de transparência na tomada de decisões públicas, a impunidade, a corrupção, a ausência de candidatos políticos viáveis e a desinformação promovida pelas novas mídias digitais fazem com que as pessoas se sintam distantes dos representantes eleitos. Isso tem levado ao declínio da participação popular na política em geral e ao apelo a alternativas mais extremas, o que é aprofundado pela apatia e pela desesperança de novas gerações, com pouca ou nenhuma memória das lutas contra os fascismos e as ditaduras.

O que deveria estar em discussão é a qualidade da democracia (Diamond; Morlino, 2005), não a democracia em si. Se a realidade tem demonstrado que processos eleitorais livres não bastam para proteger e assegurar o respeito aos direitos básicos do ser humano, a igualdade perante a lei, o devido processo legal, o pluralismo político e o controle popular dos governos eleitos, então, as estruturas democráticas precisam ser fortalecidas para se tornarem mais transparentes, confiáveis e justas. A recessão da democracia resulta não apenas de forças que operam contra ela, mas principalmente da ineficácia das forças que se definem como democráticas.

Não obstante os desafios existentes, o ideal democrático persiste. O resultado do recente processo eleitoral no Brasil é bom exemplo disso, comprovando que os cidadãos brasileiros querem que suas vozes sejam ouvidas. As demandas por igualdade, dignidade, redução da corrupção e proteção do meio ambiente, entre tantas outras, continuarão enquanto houver democracia. A questão é como transformar a participação pública para que ela funcione mais efetivamente.

Para tanto, é fundamental identificar até que ponto as instituições brasileiras são suficientes para dar conta das assimetrias existentes no país, e até que ponto a liberdade garantida pelo nosso sistema democrático autoriza a interferência de cidadãos comuns em questões públicas de seus interesses. De acordo com Sartori (1987), em uma verdadeira democracia os eleitores não apenas autorizam os governantes a tomar decisões em seu nome por mandatos definidos, mas também devem ter o poder de monitorar, fiscalizar, participar e exigir responsabilidade dos governantes.

O Brasil mudou muito desde o início do processo de redemocratização. A melhoria do nível de escolaridade da população, associada à liberdade de expressão e à revolução nas tecnologias de informação e comunicação, permitiu que mais pessoas tivessem interesse e opiniões informadas sobre as decisões de política pública que as afetam, e passassem a reivindicar participação direta nesses processos ou, pelo menos, justificativas mais bem fundamentadas e transparentes. Amparadas pela Constituição de 1988, que se preocupou em assegurar à sociedade formas inovadoras de interlocução e negociação em defesa de seus interesses, as demandas por maior participação foram se alastrando para diferentes áreas das políticas públicas e do governo.

Mesmo que com relativo atraso, aos poucos essas demandas também chegaram ao domínio das relações internacionais do país. No passado, argumentava-se que a política externa era exercida como um empreendimento racional, livre das pressões da política doméstica e da sociedade civil. Estratégias podiam ser implementadas sem passar por eleitorados ou pressões políticas, e sem a necessidade de serem amplamente justificadas.

O processo de formulação da política externa brasileira tornou-se, contudo, muito mais complexo em anos recentes, devido à aproximação entre as agendas externa e interna do país, à multiplicação de atores com interesses para além das fronteiras nacionais, e à necessidade de acomodar crescente diversidade de interesses políticos, econômicos, sociais e ambientais. Nessa nova realidade, não se pode mais falar em indiferença no que concerne à política externa ou em anuência completa no que tange às decisões tomadas pelas lideranças.

Estratégias, que antes pareciam politicamente viáveis, não estão mais destinadas à aceitação automática, do que decorre um importante conflito entre mentalidades e abordagens tradicionais para a resolução de problemas contemporâneos, além de pressões crescentes por estratégias de longo prazo bem informadas, baseadas na análise técnica dos problemas a serem enfrentados e na contribuição de múltiplos atores sociais.

Em 2003, poucos dias depois de eleito, o presidente Lula declarou que o Brasil estava pronto para "assumir sua grandeza" na ordem internacional, expressando uma ambição de longa data associada à ideologia nacional brasileira. Considerando uma coerente leitura dos desafios emergentes, a equipe de Lula implementou ampla estratégia global, aumentando a capacidade de barganha do país como potência média, para influenciar a seu favor as decisões mais relevantes na arena global.

Em que pesem os significativos avanços verificados, incluindo a gradativa criação de novos espaços participativos, a maioria das decisões de política externa permaneceu restrita a poucos atores, com limitados recursos e limitada prestação de contas à população em geral. Isso contribuiu para a perpetuação de abordagens elitistas aos problemas externos e para a desconstrução da grande estratégia de Lula pelas administrações que se sucederam.

INTRODUÇÃO

Embora os princípios de soberania, autonomia, não intervenção e desenvolvimento nacional, associados à institucionalidade do Ministério das Relações Exteriores, tenham sido capazes de garantir certa coerência na maior parte das ações internacionais do Brasil no passado, a ausência de discussões sobre desafios estruturais, relacionados à projeção externa do país e à formulação da política externa, nunca impediu que cada nova administração pudesse alterar os rumos da nação com considerável autonomia.

Essa realidade veio a culminar em desvios alarmantes durante a gestão do presidente Jair Bolsonaro, levando a renovados questionamentos sobre a capacidade de políticos e burocratas tradicionais de orientar a agenda internacional do Brasil a serviço da promoção do desenvolvimento nacional. Não deve surpreender, portanto, que a política externa brasileira tenha entrado na arena global dos anos 2020 à deriva, sem uma grande estratégia, que seja moderna, transparente e mais efetiva para a promoção do desenvolvimento nacional.

Não há dúvidas de que o Brasil tem condições suficientes para assumir um papel central no cenário internacional no século XXI e promover as mudanças necessárias na atual governança global, em prol de seus interesses nacionais e daqueles da sociedade internacional. Por que, então, ainda não atingiu a tão esperada ambição de suas elites de se tornar permanentemente uma potência global?

As respostas a essa questão envolvem múltiplas e complexas variáveis, que vão muito além do governo Bolsonaro, em grande parte associadas às próprias dinâmicas internas do país; à sua estrutura política; ao abismo social; às tradições; aos racismos; à frágil cultura de planejamento; e a um elitismo reativo a mudanças e inovações, que possam impactar os

11

injustificados benefícios de poucos. A isso se somam sucessivos escândalos de corrupção, instabilidades políticas e resultados econômicos inconsistentes. Solucionar essas questões envolverá amplas reformas e mudanças de mentalidade que dependerão de processos geracionais para serem equalizadas.

Outra parte da resposta, mais tangível e passível de ser enfrentada no curto e no médio prazos, reside na ausência de processos eficientes e contemporâneos de formulação de política externa como política pública, que deveriam contribuir para melhor conectar os recursos e as demandas sociais existentes às estratégias implementadas, assegurar maior transparência e prestação de contas e, assim, posicionar mais legítima e sustentavelmente o país na vanguarda dos assuntos globais.

Costuma-se ouvir que o objetivo maior da política externa é promover o desenvolvimento; raramente, porém, ouve-se falar dos processos subjacentes às estratégias para atingir esse maleável objetivo. Embora a governança das políticas públicas tenha evoluído em ritmo acelerado nas últimas décadas, ao incorporar lições do setor privado e das teorias da democracia participativa, a formulação da política externa brasileira manteve-se, em grande parte, atrelada às mesmas estruturas e aos processos que a orientam desde o século passado.

Existem, contudo, elementos-chave que já se mostraram essenciais para a gestão pública eficaz, alguns dos quais também podem ser aplicados ao campo da política externa. De acordo com Edwards et al. (2012), esses elementos incluem forte cultura gerencial; comunicação ágil, proativa e eficiente; liderança entendida de forma contemporânea; mecanismos de responsabilização; sistemas abrangentes de gestão de risco, conformidade e garantia; monitoramento e avaliação de desempenho; e colaboração intersetorial eficaz.

INTRODUÇÃO

No mesmo sentido, a Comissão Independente de Boa Governança em Serviços Públicos do Reino Unido (OPM; CIPFA, 2004) identificou, por exemplo, que tomar decisões informadas e transparentes; envolver as partes interessadas; e tornar a prestação de contas real seriam elementos essenciais para orientar os gestores públicos no século XXI, inclusive os formuladores de política externa.

Justificando objetivos relevantes, identificando alternativas em associação com múltiplos *stakeholders* e comparando-as de maneira sistemática para apoiar decisões financeira, moral e legalmente viáveis, os formuladores da política externa brasileira deverão ser capazes de tomar decisões mais sustentáveis, legítimas e eficazes, diminuindo margens de erro e assegurando que amplos conjuntos de interesses da sociedade sejam atendidos.

Quanto antes a política externa for compreendida como política pública, mais cedo o Brasil terá condições de alavancar a relevância das relações exteriores no contexto nacional, desenvolver estratégias sustentáveis que contribuam para atender às suas ambições na arena global e criar valor público adicional para a sociedade.

Pode parecer ingênuo supor que simplesmente mudando os processos e as práticas de política externa poderão se resolver contradições seculares associadas à formulação da agenda internacional do Brasil, bem como reposicionar o país na arena global. No entanto, diante da nova dinâmica das relações internacionais e das inéditas janelas de oportunidades que se abriram com o fim do governo Bolsonaro, a sociedade brasileira não pode mais esperar passivamente por uma mudança geracional para começar a abordar os problemas mais tangíveis e ajustáveis da política externa, em busca de resultados eficazes e transparentes, alinhados com as diretrizes constitu-cionais, amparados por amplos conjuntos de dados e análises, e conciliando a projeção externa do país com a política interna.

Para evitar que grandes desvios se repitam, o planeja-mento e a implementação de estratégias de política externa no Brasil devem ser pautados por uma visão de Estado que trans-cenda os ganhos políticos imediatos, reúna lições da história e dos conflitos internos do país, interesses diversos e traços objetivos comuns da nação, avaliando com realismo os desa-fios do presente e projetando um futuro mais promissor para a sociedade nacional, sem distinção de classe, sexo, cor ou origem. No contexto de um país democrático, o processo de formulação de política externa não pode prescindir de maior participação da sociedade nacional.

A POLÍTICA EXTERNA BRASILEIRA EM UMA ORDEM GLOBAL EM TRANSFORMAÇÕES

Tradicionalmente baseado nos princípios de soberania, solução pacífica de conflitos, igualdade entre Estados, não intervenção e desenvolvimento nacional, os quais nortearam grande parte de suas ações e iniciativas no exterior desde o final do século XIX, o Brasil conseguiu garantir boa reputação diplomática entre outras nações, embora tenha mantido papel secundário nos assuntos internacionais até o início dos anos 2000. Efetivamente, foi apenas nas últimas décadas que o Brasil se tornou um ator global, na qualidade de potência média, podendo influenciar os rumos de alguns dos temas mais relevantes para sua sociedade.

Não obstante a participação do Brasil na criação da Organização das Nações Unidas (ONU) e do Grupo dos 77 (G77), ou nas negociações sobre desarmamento, sustentabilidade e mudanças climáticas, até o processo de redemocratização (1979-1988), as questões centrais da política externa do país giravam em torno de sua liderança geopolítica na América do Sul; do alinhamento, ou não, com os Estados Unidos; da atração de investimentos e negociação de empréstimos estrangeiros; da abertura de mercados para as exportações de produtos agrícolas e manufaturados nacionais; e da defesa de um conceito vago e maleável de desenvolvimento.

A sucessão dos governos dos presidentes Fernando Henrique Cardoso (1995-2002) e Luiz Inácio Lula da Silva (2003-2010) permitiu um salto inédito na qualidade da inserção global do Brasil. Econômica e politicamente estável, e com as principais variáveis macroeconômicas sob controle, foi possível implementar políticas sociais inovadoras e dar maior atenção às questões externas, que passaram crescentemente a influenciar os assuntos internos do país.

Essas condições, somadas a um contexto internacional favorável aos países emergentes, criaram a conjuntura ideal para a reestruturação do modelo de inserção do Brasil no cenário global. Ao perceberem que o Brasil é grande demais para ficar de fora do complexo jogo das forças mundiais, mas ainda pequeno para "jogar sozinho" nesse tabuleiro, os formuladores de política externa tiveram o mérito de identificar uma geometria variável de poder geográfico, que levou o país a diversificar sua agenda, formar novas alianças e participar mais ativamente de grandes decisões globais.

Os processos de formulação da política externa continuaram, no entanto, envolvendo poucos atores e limitadas ferramentas de prestação de contas, deixando de se coadunar com a multiplicação de agendas e interesses para além das fronteiras nacionais, abrangendo novas relações de poder, ferramentas de comunicação e informação inéditas, e pressões por maior participação, com importantes consequências neste início dos anos 2020.

Por meio da análise de momentos específicos da evolução recente da política externa brasileira, o objetivo deste capítulo é demonstrar que, embora as oscilações do passado poucas vezes tenham ameaçado a prevalência dos princípios estruturantes da projeção internacional do país, a ausência de discussões sobre a modernização de seus processos criou condições para dramáticos desvios durante a gestão do presidente Jair Bolsonaro (2019-2022), acompanhados por crescentes pressões pela renovação e pela democratização da agenda externa do país.

GRANDES AMBIÇÕES, SUCESSOS INCONSISTENTES

No Brasil, a década de 1980 foi caracterizada por uma longa transição democrática e agudas crises econômicas e sociais, relegando a política externa a aspectos essencialmente econômicos da crise pela qual o país passava, incluindo-se a negociação da dívida e esforços para a atração de novos investimentos. A grande exceção foi a reavaliação da América do Sul como alternativa estratégica à projeção externa do país, com seu eixo centrado na cooperação e integração com a Argentina, que passava por desafios semelhantes (Vizentini, 1999). Começava a se delinear um novo pilar que até hoje conforma as estratégias de inserção internacional do Brasil, consagrado no artigo 4º da Constituição Federal (CF) de 1988.[1]

Para os pensadores militares brasileiros do início do século XX, a América do Sul era considerada uma região destinada à manifestação natural do poderio e da influência brasileira.

Ao longo dos anos 1980, porém, a política brasileira para a região passou de um quadro centrado no exercício da hegemonia e na competição com os países vizinhos (especialmente a Argentina) para a cooperação regional nos campos da economia, política, infraestrutura e até mesmo segurança e defesa (Costa, 1995). Isso decorreu, entre outros aspectos, da percepção de que o Brasil sozinho não conseguiria desempenhar um papel central no cenário internacional, exigindo o apoio dos países vizinhos para lhe conferir maior ganho de escala e poder de barganha. Aos poucos, a integração possibilitou ao Brasil aumentar a base regional para sua inserção global, em um caminho que resultaria, em 1991, na criação do Mercado Comum do Sul (Mercosul).

Restava evidente que o sucesso dos mecanismos de integração regional deveria necessariamente passar por políticas específicas a fim de promover maior equidade no desenvolvimento entre os países vizinhos, o que dependeria do reconhecimento interno de que o adensamento das relações políticas, sociais e econômicas entre os países sul-americanos era um elemento fundamental para o desenvolvimento nacional, regional e para a própria preservação da paz no subcontinente.

O que se tem observado, no entanto, é uma persistente relutância da elite nacional em compartilhar poder e benefícios econômicos com seus vizinhos, levando à percepção de que o Brasil ainda almeja dominar a região (Brands, 2010). A ausência de uma estratégia clara sobre o lugar do Brasil na condução da América do Sul para um futuro desconhecido (Lima et al., 2018), que seja amparada por amplos diálogos com a sociedade e pela compatibilização entre os meios e os objetivos propostos, talvez seja o sinal mais sintomático disso. Em algum momento, as elites nacionais deverão entender que uma política menos hegemônica e a alocação de mais recursos para o desenvolvimento regional serão decisivas para melhorar a imagem do Brasil e lidar, efetivamente, com reivindicações concorrentes de liderança regional.

A promulgação da CF de 1988 não apenas encerrou definitivamente a ditadura militar no Brasil, mas também fez da participação social um dos alicerces da democracia brasileira, reforçando sua relevância para a elaboração de políticas públicas mais efetivas. Movimentos sociais, a academia, a imprensa, o empresariado, sindicatos, as associações de classe, entre outros atores que haviam se juntado com o objetivo de restabelecer a democracia tiveram alguns de seus pleitos atendidos, formando uma sociedade civil mais organizada politicamente.

A CF de 1988 (artigo 165) também reforçou a importância do planejamento no Brasil ao criar os Planos Plurianuais (PPAs), que traçam a visão estratégica da gestão pública para um período de quatro anos. Os PPAs têm como objetivos principais definir as prioridades do governo; organizar ações que resultem no aumento de bens ou serviços que atendam às demandas da sociedade; permitir que a alocação de recursos nos orçamentos anuais seja consistente com as diretrizes e as metas do Plano; e dar mais transparência aos recursos utilizados e aos resultados obtidos. Além dos PPAs, o modelo de planejamento nacional é composto pela Lei de Diretrizes Orçamentárias (LDO) e pela Lei Orçamentária Anual (LOA).

Ainda que a Constituição brasileira determine que o exercício da função de planejar é dever do Estado, conforme estabelecido em seu artigo 174, ao elaborar os PPAs, a LDO e a LOA, cada administração eleita manteve amplo poder discricionário para decidir quais questões priorizar ou quais atores convidar para suas formulações, muitas vezes excluindo lideranças da oposição, atores sociais não alinhados e os cidadãos em geral, que raramente dispõem de informações suficientes, ou de oportunidades, para se integrarem de maneira efetiva aos processos de decisão política. Na prática, cabe ao Executivo definir a pauta das políticas públicas a serem formalizadas no orçamento, inclusive de política externa, bem como executá-las, mas compete ao Legislativo emitir pareceres, alterar projetos, e acompanhar e fiscalizar sua execução (Mognatti, 2008: 19).

Em um cenário ideal, sempre que é definida uma estratégia nacional, a política externa deveria assumir seus papéis, procurando mobilizar recursos externos para sua consecução, negociar apoio de outros países e da comunidade internacional aos objetivos acordados, e colocar o Brasil em processos internacionais que possam influenciar essa estratégia.

Infelizmente, durante a elaboração dos PPAs, a política externa continuou sendo encarada apenas como mais um setor a ser discutido pela administração no poder, enquanto deveria, ao contrário, ser entendida como elemento-chave para a consecução dos objetivos almejados em todas as áreas abrangidas pelos PPAs e para além deles; deveria ser compreendida como sujeito transversal à ação governamental, para o qual devem convergir os demais órgãos da administração pública. A política externa deve refletir, de dentro para fora, as características, os desejos e as ambições contínuas da sociedade brasileira.

A partir do sucesso do Plano Real, lançado em 1994, e da estabilização da inflação que atormentava o Brasil desde a década de 1980, os PPAs tornaram-se efetivamente um elemento relevante da ação governamental. Ainda assim, os objetivos dos primeiros PPAs estavam distantes do campo da política externa. No PPA elaborado para o período 1996-1999, por exemplo, constavam 23 diretrizes que deveriam orientar as ações do governo, sem nenhuma menção aos objetivos de política externa (Lessa; Couto; Farias, 2009). Segundo Cervo (2003), isso não significa que a política externa tenha sido totalmente negligenciada. Ainda que houvesse interpretações divergentes se ocorreu, ou não, uma estratégia de inserção internacional madura do país à época, na qualidade de potência média em busca de influência, é inegável que as elites dirigentes tinham um claro objetivo de aumentar sua credibilidade internacional, partindo do pressuposto de que isso seria essencial para a projeção do Brasil na ordem mundial pós-Guerra Fria (Soares de Lima, 2015).

Ao longo da década de 1990, a atuação do Brasil no exterior foi paulatinamente direcionada à diversificação de suas agendas, à ampliação da participação em organismos internacionais e outros fóruns multilaterais, bem como à adesão a novos acordos bilaterais. A assinatura do Tratado de Não Proliferação de Armas Nucleares (TNP), após trinta anos de recusa em assiná-lo, é um bom exemplo disso.

A tendência de abertura à participação social no contexto da política externa também começou a ganhar impulso nos anos 1990, em torno das negociações do Mercosul, da Área de Livre Comércio das Américas (Alca), da Rodada do Milênio da Organização Mundial do Comércio (OMC) e de temas como meio ambiente e direitos humanos. Na área ambiental, a interlocução com a sociedade civil foi particularmente impulsionada durante a preparação da II Conferência das Nações Unidas sobre o Meio Ambiente e o Desenvolvimento (Rio-92).

Depois de longo período de relativa marginalização na ordem global, incompatível com sua grandeza e riqueza, o

Brasil entrava no século XXI com uma política externa mais assertiva e madura, caracterizada pela definitiva expansão da agenda internacional de questões tradicionais de segurança, comércio e investimentos para os direitos humanos, o desenvolvimento e os temas ambientais.

CONTINUIDADES, INFLEXÕES E UMA RUPTURA ALARMANTE

Quando o presidente Lula anunciou, em 2003, que o Brasil estava pronto para "assumir sua grandeza", expressou um dogma de longa data da ideologia nacional brasileira (Brands, 2010: 6). Desde a criação da República, em 1889, diversos fatores, incluindo as dimensões continentais do país e seus vastos recursos, sua posição estratégica na América do Sul e a relativa ausência de ameaças territoriais, inspiraram a crença de que o Brasil pertence à elite global, embora a ambição continuasse a ultrapassar a realidade.

A partir de então, o Brasil seguiu aumentando significativamente sua presença internacional, apesar de importantes retrocessos em anos recentes. Isso foi viabilizado, em grande parte, por um contexto internacional favorável aos países emergentes, e pelo progresso econômico e político do país, refletido no restabelecimento do equilíbrio macroeconômico e na consolidação de uma democracia multipartidária, que deu aos seus líderes e à sociedade maior credibilidade na interação com outras nações democráticas, bem como contribuiu para elevar a autoconfiança nacional (Brands, 2010: 9).

A elaboração do PPA 2004-2007 ganhou atenção especial dos grupos dirigentes e dos movimentos sociais organizados que tinham ligações históricas com o Partido dos

Trabalhadores (PT) e com o presidente Lula (MPOG, 2004). Pode-se dizer que, pela primeira vez na história do Brasil, foi apresentada uma estratégia de desenvolvimento de médio/longo prazo com características mais próximas de política de Estado, visando enfrentar problemas estruturais, como concentração social e espacial de renda e riqueza, pobreza, degradação ambiental, e assim por diante.

Para ter sucesso, porém, tal estratégia dependia de sua continuidade no longo prazo a fim de assegurar a consolidação de um mercado consumidor de massa, a construção de novos relacionamentos externos e a promoção de reformas estruturais, que demoram mais que quatro ou oito anos para produzir resultados. Dependia, também, da redução da vulnerabilidade externa do país, sob a sombra da eleição de um candidato de esquerda que já havia defendido a moratória da dívida no passado (Lessa; Couto; Farias, 2009).

Consciente das transformações pelas quais o mundo passava, durante os dois primeiros mandatos do presidente Lula, a política externa brasileira apresentou as características de uma estratégia de potência média, beneficiada adicionalmente pelo carisma e liderança de Lula e de sua ativa diplomacia presidencial. Segundo Keohane (1969: 298), as potências médias são aquelas que residem na periferia da elite global. Elas eventualmente têm ambições de grande potência e podem exercer uma influência regional significativa. Falta-lhes, no entanto, a capacidade de enfrentar as potências hegemônicas ou de moldar o sistema internacional. Para alcançar influência global, as potências médias precisam de uma diplomacia multilateral astuta; forjar alianças diplomáticas com outras nações em ascensão; valer-se das normas internacionais para coibir o comportamento do poder hegemônico; fazer uso eficiente de seus recursos de *soft power*; e estabelecer a liderança regional.

Visando a contrabalançar os poderes hegemônicos e permitir ao país moldar as principais decisões internacionais em benefício de sua sociedade, a política externa daquele período apoiou-se no fortalecimento de normas e instituições internacionais; reforçou a cooperação "Sul-Sul"; orientou as estratégias para questões sociais e econômicas; e focou o aumento da influência brasileira na região sul-americana. Segundo Cervo (2008), enquanto, para o presidente Cardoso, a ação multilateral representava agir de acordo com as regras existentes no sistema internacional, Lula via a oportunidade de ir além, colocando o Brasil como parte ativa da produção de novas regras.

As políticas interna e externa, aos poucos, alinhavam-se entre si, e com os determinantes e os valores da sociedade nacional, para viabilizar uma projeção internacional mais planejada, coerente e, aparentemente, sustentável. Não se pode negar, por exemplo, que a liderança no Brasil em políticas de segurança alimentar só foi possível porque internamente o país promovia reformas inovadoras de combate à fome, ou que a atuação marcante do Brasil em temas ambientais se justificava pelas políticas de proteção ambiental implementadas à época.

No entanto, a avaliação das estratégias internacionais daquele período deve considerar não apenas suas realizações, mas também suas fragilidades. Embora a projeção internacional brasileira tenha tido grande sucesso durante os anos 2000, o país continuou enfrentando grandes dilemas internos, que acabaram levando à desconstrução da estratégia de projeção internacional de Lula, os quais seguem comprometendo a ascensão do país na arena global.

A ambição dos formuladores de política externa não foi acompanhada pelo devido dimensionamento das limitações nacionais existentes, em termos jurisdicionais, de recursos financeiros e pessoais, e de planejamento, nem por efetiva participação social para legitimar os processos decisórios e assegurar a sustentabilidade das estratégias para além dos primeiros mandatos de Lula. Como resultado, assim que Lula saiu do poder, importantes mudanças começaram a ocorrer na ação externa do Brasil. Inicialmente, dentro da própria administração do Partido dos Trabalhadores, então sob a liderança de Dilma Rousseff; depois, sob o disputado mandato de Temer; e, principalmente, após a ascensão de Jair Bolsonaro ao poder.

Rousseff (2011-2016) tentou manter os "grandes objetivos" de seu antecessor, mas, na prática, reduziu o papel da política externa na consecução de uma estratégia nacional mais ampla. Devido ao novo contexto doméstico e internacional, aos cortes orçamentários destinados a iniciativas externas e ao descompasso entre as ambições existentes e os meios disponíveis (Westmann, 2017: 61), começou a ocorrer uma ruptura na grande estratégia do próprio PT, embora não suficiente para descaracterizar a visão de como o Brasil deveria ser reconhecido no exterior: um país que promove o desenvolvimento sustentável, a igualdade regional e social, a sustentabilidade ambiental, e que apoia os direitos humanos, a liberdade, a paz e o desenvolvimento no mundo.

Segundo Ricupero (2013: 95), a política externa implementada por Rousseff foi particularmente impactada por um cenário doméstico instável e por um sistema global em mudança. Entre as mudanças mais relevantes verificadas, pode-se dizer que houve um virtual e gradual desengajamento de negociações multilaterais em diversos temas, apontando para uma política externa mais inativa, com estilo e tom diferentes no que concerne à administração anterior.

O cenário de mudanças acentuou-se durante o breve período do presidente Temer (2016-2018), após a controversa deposição de Rousseff. Apesar de algumas continuidades, a política externa implementada foi se distanciando das diretrizes estabelecidas no PPA 2016-2019, que incluíam, entre outros, o aprofundamento da integração da América do Sul; a consolidação da presença do Brasil nas decisões estratégicas globais; a reforma das estruturas de governança global; e a cooperação internacional.

As relações com os Estados Unidos voltaram ao centro das atenções, e o Brasil passou a negociar novos acordos comerciais bilaterais para reposicionar sua economia no cenário global, em contraposição à orientação anterior de comércio exterior, mais centrada no sistema multilateral. O Mercosul passou a ser tratado de forma negativamente diferenciada, principalmente em relação à Venezuela, com a suspensão do país por suposto descumprimento dos compromissos assumidos no Protocolo de Adesão. O governo também priorizou o combate ao tráfico de drogas e armas na América do Sul, em substituição ao desenvolvimento regional.

O mandato de Temer foi breve e disputado, e o foco de seu governo foi orientado para manter a estabilidade do país. Independentemente das críticas acaloradas às estratégias internacionais de seus antecessores, Temer continuou a respeitar os princípios consagrados pelo artigo 4º da CF de 1988.

A relativa coerência em torno dos princípios norteadores da política externa brasileira ao longo da história, que não se confunde com continuidade, somada ao conservadorismo das elites nacionais, ao profissionalismo do corpo diplomático e à relativa indiferença social à agenda internacional do país no passado, criou condições para que aspectos estruturais da política externa nunca fossem abordados. A ausência de discussões sobre processos mais participativos e democráticos, de decisões amparadas por dados e de controle sobre as decisões tomadas resultou, no entanto, em dramático desvio de curso durante o governo do presidente Jair Bolsonaro (2019-2022). Pode-se argumentar que, sob certas condições, a mudança de política externa pode ser uma vantagem, ao refletir e adaptar-se às alterações no ambiente internacional. Esse não foi o caso.

A negação da "agenda lulista" e sua substituição por uma visão cristã ocidental, liderada por uma elite política autoritária e mais radical, não trouxe resultados positivos para o Brasil no cenário internacional. A política externa precisa ser amparada por uma análise responsável do mundo, com base em debates sólidos, análise de dados e com respaldo social, que considere empiricamente os ganhos e as perdas que o Brasil pode ter na nova arena global. Em vez disso, Bolsonaro apropriou-se da agenda externa brasileira, utilizando os palcos internacionais para manter o engajamento de sua base eleitoral. Bolsonaro manipulou termos como comunismo, socialismo, mídia internacional, cristofobia, família tradicional, soberania e Venezuela, entre outros, para cumprir tal objetivo, apesar dos danos causados à credibilidade do Brasil no exterior.

O apoio à reconstrução de uma "civilização cristã ocidental" não é equivocado apenas considerando a diversidade da matriz sociocultural do país. Também é prejudicial, pois implicou, entre outros, um alinhamento ideológico automático com os Estados Unidos de Trump em uma realidade cada vez mais multipolar, ignorando as lições do passado; e a virtual indiferença aos parceiros regionais e à Ásia, especialmente a Argentina e a China, desconsiderando a tradição universalista centenária de diplomacia brasileira.

A eleição do presidente Bolsonaro também levou à descontinuidade dos PPAs anteriores e a uma significativa mudança na cultura de planejamento. Além de simplificada, a metodologia adotada pelo PPA 2020-2023 retrocedeu em termos de concepção e participação social. No que diz respeito à política externa, ficou evidente a ausência de uma sólida análise da inserção do Brasil na nova ordem internacional, que fosse amparada em dados concretos. O aspecto econômico recebeu tanto destaque no PPA, que a política externa foi considerada parte integrante dessa dimensão, de certa forma limitando os objetivos do Estado brasileiro no plano internacional a questões econômicas e comerciais. Temas de meio ambiente, clima e mesmo segurança alimentar ficaram restritos ao agronegócio, e questões como desmatamento e redução de gases de efeito estufa não figuraram entre as prioridades do governo Bolsonaro, em oposição direta aos PPAs anteriores e às posições tradicionais da sociedade brasileira em fóruns internacionais.

Ao negar valores que colocaram o país na vanguarda de questões como desenvolvimento sustentável, direitos humanos e reforma da governança global, o governo Bolsonaro contradisse alguns dos princípios que sempre balizaram a atuação internacional do Brasil, reacendendo discussões sobre os limites da autoridade das administrações eleitas em matéria de política externa, bem como sobre a efetividade dos processos tradicionais de formulação da projeção internacional do país.

A concentração da formulação de política externa nas mãos de um grupo restrito com fortes aspirações ideológicas e viés religioso, a falta de transparência e o desmonte da institucionalidade do Itamaraty deixaram quase toda a sociedade brasileira, inclusive o corpo diplomático, burocratas, intelectuais e o terceiro setor, fora desses processos. Com isso, a política externa foi rebaixada a uma situação incompatível com a grandeza do Brasil, o que se refletiu na sua perda de poder relativo em discussões sobre as questões globais mais relevantes. É verdade que, após a troca de chanceleres promovida por Bolsonaro, o Itamaraty voltou a ser capaz de dar alguma coerência às suas atividades essenciais e aos objetivos externos do país, evidenciando novamente seu caráter institucional, mas não o suficiente para retirar o Brasil da lista de párias na arena global.

O pessimismo e a insatisfação com o estado das coisas na ordem internacional oferecem terreno fértil para mensagens emocionais (ou mesmo raivosas) e ideias extremistas e antidemocráticas, gerando polarizações que, por sua vez, se retroalimentam. No Brasil, a situação foi agravada pelo fato de que os "contrarreformistas" em torno de Bolsonaro conseguiram se organizar e canalizar a energia das novas redes sociais com muito mais eficiência do que os atores progressistas, os quais permaneceram carentes de propostas e com poder de articulação limitado, até o retorno de Lula ao cenário político nacional.

Ao contrário do que se viu durante o mandato de Bolsonaro, as respostas à atual crise econômica devem residir na formação de um sistema econômico-financeiro capaz de realizar o desenvolvimento sustentável (nos seus três pilares), mais inclusivo e menos desigual. As respostas à crise sociocultural devem se basear no aprofundamento e na garantia dos direitos sociais, bem como dos direitos civis, especialmente para as populações mais vulneráveis, como mulheres, afrodescendentes, povos indígenas e as comunidades LGBTQIAP+. Todas essas respostas, porém, exigem tolerância, solidariedade e respeito à pluralidade, valores que estiveram fora de moda no Brasil nos últimos anos.

A eleição de Lula para um terceiro mandato, iniciado em 2023, deverá levar o Brasil de volta ao cenário internacional. A América do Sul já voltou ao centro da política externa, como deve ser, e o continente africano deverá receber renovada atenção. No plano multilateral, as agendas ambientais e de direitos humanos reassumiram papel de destaque, em sintonia com as diretrizes da nova política interna do país. Compromissos internacionais injustificados assumidos por Bolsonaro foram revogados e líderes mundiais passaram novamente a ver o Brasil, na figura de Lula, como relevante ator global, reforçando a vocação universalista da política externa brasileira.

Para que esses resultados iniciais sejam sustentáveis para além de quatro anos, mudanças estruturais na governança da política externa também serão necessárias. É preciso ter muita clareza que o contexto internacional atual é fundamentalmente diferente daquele de duas décadas atrás, o que exige uma ruptura com os dogmas do passado para enfrentar os desafios emergentes. Os erros do passado devem receber maior atenção.

POLÍTICA EXTERNA
COMO POLÍTICA PÚBLICA

Sempre houve amplo debate sobre a relação entre política externa e política pública. Em que pesem as controvérsias existentes, não é mais possível negar que a política externa é um tipo de política pública, que deve trazer benefícios à sociedade por meio das interações para além das fronteiras nacionais.

É verdade que a política externa apresenta inúmeras singularidades. Por abordar temas menos tangíveis aos cidadãos comuns, ainda ser tratada como domínio de uma elite especializada e apresentar resultados de mais longo prazo, muitas vezes de difícil mensuração, ela se desenvolve em cenário de maior indiferença pública, ou deferência, quando em comparação à política interna, embora isso esteja gradualmente mudando.

Tais características não devem impedir que a política externa, como outras políticas públicas, possa beneficiar-se de metodologias contemporâneas para analisar sistematicamente os fatores que influenciam benefícios, custos e eficácia de escolhas estratégicas, bem como para prestar contas de tais escolhas à sociedade.

Não obstante as crescentes pressões pela modernização da agenda internacional do país e pela democratização de seus processos, a formulação da política externa brasileira continua baseada em um modelo de governança altamente hierarquizado, associado à chamada "era da administração pública", criticada ao longo do tempo por ser ineficiente e servir prioritariamente aos interesses de burocratas e políticos, em vez dos cidadãos, que são afastados dos principais processos decisórios (Peck; Dickinson, 2008).

Esse modelo tradicional de administração pública, desenvolvido teoricamente no final da década de 1940, reflete uma abordagem de cima para baixo, na qual os funcionários públicos são inspirados por valores de hierarquia, independência e integridade, muitas vezes isolados do resto da sociedade (PNUD, 2015: 4), e vistos como administradores apolíticos de projetos criados pelo Estado para promover o desenvolvimento e prestar serviços sociais (Gallop, 2014). Não se pode negar que tal abordagem trouxe avanços significativos para a política externa do Brasil no passado, mas devido a um conjunto inteiramente novo de transformações no cenário global e na sociedade nacional a partir anos 1970, ficou gradualmente claro que esse modelo seria insuficiente, além de ineficiente, para atender às demandas emergentes.

A introdução da "lógica dos mercados" em algumas áreas do setor público buscou contornar as limitações do modelo hierárquico de formulação de políticas públicas em várias sociedades (Pierre; Peters, 2000), mas tal abordagem nunca foi efetivamente implementada no campo da política externa. Com efeito, em virtude da natureza complexa e transversal das questões internacionais, cujos resultados são mais intangíveis e difíceis de medir em unidades quantitativas, a projeção externa de um país não pode ser tratada simplesmente como uma questão de negócios. Enquanto as autoridades nacionais consideram a aquisição de equipamentos de alta tecnologia de um ou outro país, por exemplo, ofertas concorrentes podem ser comparadas não apenas pelo preço de compra, mas também por outros fatores, como durabilidade e desempenho dos equipamentos, práticas de compensação envolvidas, treinamento e manutenção, ou mesmo o eventual apoio a pleitos específicos no sistema multilateral.

Ao longo dos anos 1980, servidores públicos passaram a ser vistos também como gestores do setor público, responsáveis pela entrega de resultados com base em metas de desempenho. A responsabilidade econômica e a eficiência tornaram-se diretrizes a serem seguidas pelos agentes públicos, enquanto os resultados governamentais deveriam ser medidos de forma mais criteriosa. Conceitos como *benchmarking*, escolha e competição, inspirados em práticas do setor privado, entraram igualmente na agenda do setor público, influenciando governos em todo o mundo. Apesar das limitações desse modelo no campo da política externa, abriram-se importantes discussões sobre a relevância da prestação de contas de seus formuladores aos cidadãos, considerando que eles devem servir e responder à sociedade, e não apenas governá-la.

A "lógica dos mercados" gerou grande confusão se o papel do setor público seria criar valor público ou aumentar a produtividade (Gallop, 2006: 81). Ao focar medidas baseadas nos insumos necessários ao sucesso de um produto ou serviço, muitos governos passaram a se comportar como corporações, buscando tirar o máximo proveito de suas operações no interesse dos contribuintes, em vez de se concentrar na criação de valor público.

A fim de contribuir mais efetivamente para a criação de valor público adicional e abordar a natureza plural do Estado contemporâneo, em que atores cada vez mais diversos contribuem para a formulação e a implementação de políticas públicas (Osborne, 2010b), um novo modelo de governança começou a se destacar nos anos 2000, conhecido como *New Public Governance* (NPG).

A NPG não é apenas comando e controle (Gallop, 2006: 82). Em sua essência, há o reconhecimento da relevância da sociedade civil, e a compreensão de que nem todo conhecimento está no governo, motivo pelo qual o engajamento do público não é mais uma opção, mas um aspecto essencial da boa governança. Para Paquet (1999: 73), a NPG representou a mudança de um antigo regime um tanto defensivo, antidemocrático, centralizador, homogeneizador e hierárquico, governado por elites, para um regime de governança mais aberto, comunitário e não centralizador, com base em ideias associadas a governos articulados, colaboração, parcerias, sustentabilidade e indicadores de progresso, que começaram a se sobrepor àquelas relacionadas aos modelos de governança anteriores (Wauters, 2019).

Traduzindo a abordagem da NPG para a prática da política externa brasileira, o papel principal de seus formuladores deve consistir em ajudar os cidadãos a atender a seus interesses compartilhados por meio das relações internacionais do país, em vez de simplesmente conduzir ou controlar a sociedade em suas interações externas (Denhardt; Denhardt, 2000). Isso contrasta com as premissas da lógica do mercado, em que as transações entre gestores públicos e "clientes" são enquadradas por princípios de mercado (PNUD, 2015). Também é distinta da antiga administração pública, na qual os cidadãos são considerados receptores passivos da formulação de políticas e da prestação de serviços de cima para baixo. Sem a compreensão correta do que são seus deveres funcionais e obrigações para com o país, os servidores públicos, protagonistas do esperado processo de modernização da política externa do Brasil, anularão iniciativas em busca de maior eficiência.

Em uma nova era de democracia participativa, deliberativa e monitorada, a projeção externa do Brasil deve ser cada vez mais responsiva ao estabelecimento de padrões multissetoriais, ao engajamento não estatal em redes de políticas públicas, e ao monitoramento externo e independente (Chhotray; Stoker, 2009). Isso inclui responsabilidades compartilhadas entre os setores público, privado e a sociedade civil, no desenvolvimento e na implementação da política externa.

Os formuladores da agenda internacional do país precisam, portanto, estar em condições de se coordenar efetivamente entre si e de se relacionar com outras agências dentro do governo, com suas contrapartes em outros países e fora do setor governamental. Essa nova realidade traz nuances sobre a mudança do núcleo das atividades essenciais de política externa, o aumento das influências não estatais na governança pública e os limites das cadeias hierárquicas de autoridade (Chhotray; Stoker 2009: 18; Bell; Hindmoor 2009: 85).

O cenário político atual no Brasil sinaliza oportunidades de avanços nesse processo, ao estimular maior participação social na definição de políticas públicas e o fortalecimento dos mecanismos de prestação de contas à sociedade. Resta saber até que ponto esses novos atores terão participação efetiva na formulação de novas estratégias de política externa.

O movimento em direção a um novo modelo de governança mais participativa proporcionaria maior legitimidade aos formuladores de política externa, bem como debates mais sofisticados sobre os fins e os meios de suas estratégias. Em vez de simplesmente governar ou administrar, espera-se que esses burocratas integrem múltiplos interesses e preocupações de longo prazo na formulação de políticas atuais (Gallop, 2006: 85).

Deve-se destacar, contudo, que qualquer paradigma que exija que os atores públicos mudem as formas de entender seus papéis sem alterações concomitantes nos marcos jurídicos e nas instituições políticas está fadado a se tornar apenas mais um discurso vazio (Osborne, 2010a).

A prática revela que nenhum dos modelos teóricos de governança apresentados é completo em si mesmo. Veem-se arranjos de governança híbridos serem gerenciados, indicando haver sistemas múltiplos e conflitantes interagindo entre si (Dickinson, 2016), que precisam passar por processos regulatórios mais objetivos e transparentes para gerarem resultados mais efetivos.

Isso implica que os planejadores e os tomadores de decisão da política externa brasileira não precisam, necessariamente, abandonar de um dia para o outro o modelo hierárquico tradicional que os guia há tantas décadas. Em vez disso, sugere-se que novas perspectivas devem ser gradualmente incorporadas à elaboração da política externa brasileira, em sintonia com as atuais dinâmicas da sociedade nacional e as demandas por mais participação e transparência.

REDESENHANDO PRÁTICAS E ESTRATÉGIAS

Existe vasta literatura dedicada à discussão dos processos associados à formulação de estratégias no campo corporativo. Contudo, apenas mais recentemente, proliferaram estudos sobre a formulação de estratégias nos governos. A maioria deles se refere a fontes-chave, incluindo Bryson (2011), Mulgan (2009), Määttä (2011) e Howlett, McConnell e Perl (2015), bem como a abordagem do *design thinking*. Apesar de os modelos por eles propostos não serem particularmente orientados para a área da política externa, acredita-se que podem ser combinados para abordar mais eficazmente temas concretos da agenda internacional brasileira, bem como orientar o desenvolvimento de estratégias inovadoras, coerentes e democráticas, além de estabelecer limites a eventuais abusos das elites dirigentes do país.

Segundo Bryson (2011: 83), qualquer processo de formulação de novas estratégias deve começar por um bom acordo inicial que, posteriormente, será considerado fundamental para garantir apoio, legitimidade e resultados efetivos. Esse acordo inclui a identificação das partes interessadas, dos principais tomadores de decisão e dos passos a seguir, de modo que todos os envolvidos acreditem que as decisões serão justas e legítimas.

No Brasil, as decisões de política externa continuam, na maioria das vezes, a ser tomadas a portas fechadas, por grupos restritos de burocratas, em especial do Executivo e, crescentemente, por políticos eleitos. Para obter melhores resultados, esses atores devem reconhecer que não têm condições de tomar decisões racionais sobre todos os assuntos de política externa sozinhos, razão pela qual devem esclarecer, desde o início: quem é responsável por cada tema e projeto;

quem oferecerá *expertise* técnica às discussões; e quem implementará as decisões tomadas, preferencialmente em consulta com todas as partes envolvidas.

De acordo com Määttä (2011), a coleta e a análise de informações úteis, oportunas e acionáveis, também permitirão decisões mais precisas. Ao transformar fatos estatísticos em uma narrativa que apoie a compreensão do problema no mundo real, supõe-se que soluções mais eficazes possam ser alcançadas (Wauters, 2019: 100). Informações oportunas e confiáveis não produzem boas decisões por si sós, mas decisões baseadas em informações incorretas repousam sobre uma base fraca. No campo da política externa, especial atenção deve ser dada ao manuseio de informações incompletas ou distorcidas, já que muitas das fontes, e do conteúdo da inteligência estratégica, ocorrem fora do escrutínio público.

O aprimoramento das habilidades dos operadores da política externa brasileira para lidar com conjuntos mais amplos de dados e métodos de pesquisa contemporâneos deve ser encarado, assim, como alternativa relevante para o desenvolvimento de estratégias de projeção externa mais eficazes.

Com base nesses conjuntos de informações, as partes envolvidas devem, então, avaliar os ambientes externo e interno, e outras questões relacionadas ao problema em discussão, por meio do monitoramento de diversas tendências, de recursos, eventos e atores externos e internos. Segundo Wauters (2019), diferentes processos podem ser utilizados nessa fase. Por exemplo, pode-se começar a partir de uma análise SWOT – um método de planejamento que inclui a análise de cenários para tomada de decisões, observando quatro fatores: *Strengths, Weaknesses, Opportunities* e *Threats* – e, depois, fazer um *brainstorming* de possíveis ações, categorizando-as em grupos. Estudos comportamentais também podem contribuir para uma melhor compreensão de diferentes narrativas e crenças culturais e oferecer *insights* úteis aos formuladores da política externa brasileira, ao gerar evidências adicionais para embasar decisões (Shafir, 2012) e informar sobre as melhores formas de direcionar a sociedade ao encontro dos resultados desejados (Thaler; Sunstein, 2008).

É recomendável identificar metas, fatores críticos ou indicadores de sucesso e, em seguida, avaliar os problemas em termos de viabilidade de solucioná-los com base nos recursos disponíveis. Para Bryson (2011), as discussões devem ser preferencialmente conduzidas na forma de perguntas, não de respostas, visto que as perguntas pretendem estimular o pensamento "fora da caixa". É nesse momento que os formuladores de política externa mais precisam de criatividade.

Ocasionalmente, a melhor solução será encontrada pegando ideias de outro setor, às vezes as soluções serão híbridas (Mulgan, 2009). Mudar a perspectiva a partir da qual uma questão é examinada poderá apontar, por exemplo, novas relações entre o problema e seu contexto circundante. Ao fazer isso, os formuladores de política externa devem ser capazes de enquadrar melhor as múltiplas alternativas para enfrentar um desafio específico, filtrando as mais relevantes e sugerindo a ordem em que elas devem ser colocadas.

Em uma perspectiva mais ampla, as respostas aos grandes desafios de política externa serão mais eficazes quando envolverem um conjunto de prioridades claras e a alocação dos melhores recursos disponíveis a fim de entregar resultados nos níveis estratégico e operacional. A institucionalização e a implementação de procedimentos oriundos de dados e experimentos garantirão não apenas maior transparência e *accountability*, mas também pressionarão os formuladores de política externa a responder proativamente a questões emergentes e moldar seu ambiente, em vez de apenas reagir a ele, como geralmente acontece.

Com significativa correspondência com a realidade da formulação da política externa no Brasil, Brown e Katz (2009) argumentam que os formuladores de políticas públicas, muitas vezes, têm noções preconcebidas sobre quais são os problemas e as soluções, levando a iniciativas falhas, as quais não se baseiam nas necessidades reais dos destinatários, nem estão abertas a *feedbacks*. Olhar para os desafios nacionais de uma perspectiva burocrática, distante da sociedade, dificilmente é uma receita para o sucesso. As políticas públicas devem ser desenhadas em conexão com as pessoas que pretendem beneficiar, não apenas para elas, razão pela qual é recomendável levar os gestores públicos para fora de seus escritórios a fim de enfrentar situações da vida real.

A criação colaborativa tem-se revelado um componente central de estratégias internacionais bem-sucedidas, pois visa a multiplicar as capacidades do serviço público ao incluir os beneficiários da política externa no debate de soluções para os problemas que os afetam. Na prática, trata-se de compartilhar discussões e comparar experiências entre os setores público e não público, buscando capacitar, envolver e impulsionar organizações públicas, privadas e do terceiro setor a colocar a projeção externa do país em prol da criação de valor público adicional para a sociedade (Bessant, 2005).

Durante o desenvolvimento das estratégias é necessário, ainda, apresentar uma justificativa social, econômica, legal, ambiental e/ou política para cada plano ou ação, de forma transparente e racional. Já sabemos que, no passado, esse tipo de justificativa não era rigorosamente exigida dos formuladores de política externa brasileiros, que agiam com maior grau de autonomia para decidir sobre a projeção externa do país, e beneficiavam-se de maior deferência da sociedade sobre suas decisões. Diferentemente, nos contextos doméstico e internacional contemporâneos, justificar as decisões de política externa também se tornou essencial para legitimar as ações do Brasil no exterior e assegurar sua eficácia no longo prazo.

É também aconselhável identificar as ações a serem tomadas no curto, médio e longo prazos, que variam de acordo com cada contexto. Com isso, os formuladores de política externa terão condições de elencá-las em escala de prioridade, e de elaborar um detalhado programa de implementação, outra tarefa difícil na realidade brasileira, onde a cultura de planejamento e avaliação ainda é consideravelmente limitada.

Após ampla discussão entre os atores envolvidos na formulação de uma estratégia, caberá às autoridades competentes decidir sobre o tema, idealmente através de um procedimento imparcial e legal, alicerçado na racionalidade. Como as regras derivam, em última análise, de princípios ditados por uma autoridade "superior", esse é um processo essencialmente hierárquico (Howlett et al., 2016), que se enquadra num conceito de comando e controle, assumindo que as intenções são claras e os meios são dados. O desafio nesse momento é assegurar que as autoridades levem em consideração os diferentes interesses e as sugestões apresentados.

Para ser adotada, a estratégia deve ser politicamente aceitável para as principais partes interessadas, administrativamente viável, orientada para resultados concretos, e criar valor público, além de ser ética e legal (Wauters, 2019: 88). Quanto mais diferentes atores estiverem envolvidos nas etapas anteriores, mais legitimidade terá a decisão.

Se o processo de formulação de determinada estratégia for bem estruturado, poderá levar a uma das saídas mais visíveis da escola do *design thinking* que, no setor público, são os pilotos de políticas públicas. Um piloto é a implementação inicial em pequena escala de uma estratégia que é usada para provar sua viabilidade, permitindo testar ideias sem exigir especificações muito detalhadas. Devido à natureza interdisciplinar e às características da política externa, cujas variáveis extrapolam as fronteiras nacionais, geralmente a pilotagem é difícil de ser colocada em prática. Ainda assim, sempre que possível, projetos-pilotos deverão ser usados como forma de identificar potenciais falhas antes da implementação de uma estratégia em larga escala, reduzindo custos e permitindo fazer tempestivamente os ajustes necessários para otimizar os resultados desejados.

A implementação passará a ser vista, então, como uma questão de reunir ações, alinhadas com os objetivos propostos, embora a realidade muitas vezes traga desafios imprevisíveis. Na prática, as estratégias de política externa nem sempre podem prever o que fazer em todas as circunstâncias, especialmente quando se deparam com questões complexas, que não são suscetíveis de serem resolvidas por decisões simples.

Exatamente por isso, essas estratégias devem estar abertas à constante reavaliação, com base no que está acontecendo na realidade, deixando espaço para novas informações, e para ajustar as expectativas ao que é razoável e exequível. Na área das relações internacionais isso é relevante, porque o sucesso de muitas iniciativas depende de variáveis que não estão sob controle, do comportamento de múltiplos atores com valores, culturas e prioridades diferentes, e do difícil equilíbrio entre as pressões de curto e de longo prazos.

Uma vez que não existem projetos de políticas públicas perfeitos, os planejadores, tomadores de decisão e implementadores devem ter a capacidade, e as condições, para se adaptar constantemente às mudanças de circunstâncias, relativizando os limites entre o projeto e a implementação dele. Como em qualquer outro tipo de política pública, a avaliação deve ser parte inerente da formulação da política externa e encarada como um processo contínuo de aprendizado sobre a natureza dos desafios e as possíveis soluções para eles, contribuindo para minimizar os erros.

Ciclos de *feedback* da opinião pública e novos dados, geralmente, fornecem evidências significativas que podem levar a melhorias e adaptações adicionais. Segundo Troupin e Pollitt (2012), a identificação de erros nas fases iniciais, bem como a rápida adaptação, é fator fundamental para o sucesso da implementação de projetos estratégicos nos dias atuais. Pode-se argumentar que reverter decisões de política externa que não se mostraram eficazes na prática tende a ser mais difícil, pois seus impactos muitas vezes excedem a autoridade do Estado nacional e os mandatos das administrações eleitas. Isso não significa, entretanto, que reavaliações contínuas não devam ser feitas.

Não há dúvidas de que essas novas abordagens para a formulação da política externa desafiam significativamente os modelos tradicionais existentes no Brasil. Essas abordagens não só exigem habilidades específicas, como aquelas relacionadas às ciências do comportamento, à gestão de pessoas e comunicação, mas também contestam hierarquias e burocracias estabelecidas. No entanto, para recuperar, manter ou aumentar a confiança pública na nova era global, os formuladores de política externa brasileiros não podem mais adiar reformas estruturais em seus processos decisórios. Devem, ao contrário, atualizar suas leituras dos desafios contemporâneos e desconstruir, mesmo que gradualmente, a antiga lógica organizacional e cultural associada à formulação da política externa brasileira.

PELA PARTICIPAÇÃO DE NOVOS ATORES NOS RUMOS DA AGENDA INTERNACIONAL DO PAÍS

As transformações pelas quais o mundo e a sociedade brasileira vêm passando apresentam desafios inéditos para os modelos tradicionais de organização política, econômica e social até então implementados no Brasil. Enquanto as mentalidades de nossas elites dirigentes continuam baseadas em visões estratificadas da sociedade e em processos hierárquicos, associados à lógica do Estado-nação, as novas dinâmicas da integração global assumem renovada complexidade, refletindo desafios cada vez mais interconectados e demandas que só podem ser atendidas por esforços coletivos de toda a sociedade brasileira.

Qualquer discussão séria sobre os desafios da política externa brasileira nos dias atuais não estará completa, portanto, sem uma análise mais aprofundada da crescente relevância de novos atores na formulação da agenda externa do país, bem como da necessidade de ferramentas mais efetivas de colaboração intersetorial, considerada elemento-chave para abordar os desafios públicos emergentes (O'Leary; Vij, 2012; Emerson; Nabatchi; Balogh, 2012). De fato, é quase impossível imaginar abordar com sucesso grandes problemas nacionais e internacionais contemporâneos, como pobreza extrema, fome, aquecimento global, terrorismo ou a pandemia da covid-19, sem algum tipo de colaboração entre múltiplos atores.

Fiori (2013: 54) reforça esse argumento, destacando que a elaboração de uma grande estratégia brasileira de projeção de poder internacional requer objetivos claros e estreita coordenação entre os órgãos responsáveis pela política externa do país, bem como pelas políticas de defesa, econômicas, sociais e culturais. Quanto mais organizada a sociedade, e quanto mais consistentes e permanentes forem as capacidades sociais e estatais para construir consenso em torno de objetivos internacionais de longo prazo, maiores serão as chances de sucesso.

Apesar disso, as mudanças e os ajustes necessários para a efetiva colaboração nos processos de formulação da agenda externa do Brasil permanecem limitados por mentalidades que ainda veem os funcionários públicos como reguladores ou prestadores de serviços; e por elites conservadoras, que não têm interesse em promover mudanças que possam alterar as estruturas de poder vigentes. Como consequência, muitas estratégias continuam baseadas em visões ultrapassadas da realidade, que separam uma restrita elite de burocratas, autoridades eleitas e diplomatas de outros atores governamentais e não governamentais (Westmann, 2017: 53).

Não se pode negar que, no passado, os presidentes eleitos, seus gabinetes e o Itamaraty tiveram virtualmente "carta branca" na construção da projeção externa do país. Questões de guerra e paz e compromissos internacionais estratégicos surgiam de consensos formados por uma pequena elite do Poder Executivo, enquanto o público em geral era amplamente deferente às ações estabelecidas.

À medida que a dimensão doméstica da política externa foi aumentando, no entanto, ficou claro que as estratégias internacionais do país, para trazerem benefícios concretos para a sociedade, deviam estar associadas aos valores últimos da nação e levar racionalmente em conta seus próprios determinantes, como: localização geográfica, vizinhança imediata, recursos naturais, cultura, história, tradições, desafios regionais e globais, habilidades humanas, estabilidade institucional e percepções de segurança nacional (Almeida, 2004). Tais estratégias não podem, por isso mesmo, ser adotadas apenas por um presidente, ministro das Relações Exteriores, ou ficar restritas a um grupo de burocratas, pois os processos decisórios relacionados a questões estruturais precisam ser suficientemente exaustivos para serem legitimamente justificados.

Desde a promulgação da CF de 1988, também conhecida como "Constituição Cidadã", novos espaços participativos se abriram para a discussão de políticas públicas, e para estabelecer os parâmetros e os limites da atuação de seus diferentes atores. Gradualmente, novos ministérios, o Congresso, governos locais, a academia, empresários, Organizações não Governamentais (ONGs), sindicatos e a sociedade civil organizada em sua totalidade também passaram a reivindicar espaços no processo de formulação da agenda externa do país, conferindo-o mais das características geralmente associadas à formulação da política interna.

Não obstante os avanços verificados nas últimas décadas, parte desses atores nunca teve poder efetivo de influenciar as agendas e os processos decisórios associados à projeção internacional do país, limitando seu envolvimento a ações consultivas, com reduzida participação e, por vezes, apenas para legitimar decisões já tomadas. O que falta são canais formais de participação e diálogo em âmbito nacional que influenciem efetivamente os processos de formulação da política externa brasileira. Falta diplomacia participativa. Falta diplomacia social, em conjunto com a sociedade, para a sociedade e pela sociedade.

Pode-se argumentar que, em regimes democráticos, um governo que surgiu de eleições competitivas deve sempre ser considerado a expressão da vontade nacional. No Brasil, contudo, sabemos que as campanhas eleitorais costumam ser superficiais e polarizadas. As promessas são, em sua maioria, genéricas, sem referências claras aos meios de implementação, às provisões orçamentárias ou às consequências desejadas. Como resultado, a eleição de um determinado grupo político não dá a ele necessariamente legitimidade para implementar políticas em nome de "toda a nação". Também é importante destacar que novos governos tendem a rejeitar as políticas dos governos anteriores, independentemente de sua eficácia, muitas vezes implementando medidas de curto prazo para responder aos desafios atuais e criar condições favoráveis para as próximas eleições.

Para ser mais efetiva em meio à nova era global, a política externa deve, diferentemente, ir além dos círculos elitistas e puramente institucionais para atingir um número cada vez maior de atores, que constituirão o verdadeiro motor do processo de integração nas próximas décadas (Westmann, 2017).

QUEM FAZ POLÍTICA EXTERNA NO BRASIL?

Quando questionada sobre quem faz política externa no Brasil, em sentido amplo, a grande maioria das pessoas provavelmente dirá, em um primeiro momento, que é o presidente e/ou o Ministério das Relações Exteriores. A resposta correta, no entanto, é que a nenhuma instituição ou personalidade podem ser atribuídos direitos ou poderes exclusivos nessa área.

A fim de estabelecer os parâmetros de manobra e os limites da atuação dos três poderes da República no campo da política externa, a Constituição de 1988, em seu artigo 21, estabelece que compete à União manter relações com Estados estrangeiros e participar de organizações internacionais; declarar guerra e celebrar a paz; assegurar a defesa nacional; permitir que forças estrangeiras transitem pelo território nacional ou nele permaneçam temporariamente.

Ao Poder Executivo, segundo a CF de 1988, artigo 84, compete exclusivamente manter relações com Estados estrangeiros e credenciar seus representantes diplomáticos; celebrar tratados, convenções e atos internacionais, mediante referendo do Congresso Nacional, entre outros. Além das atribuições conferidas ao Poder Executivo, o Congresso Nacional tem poderes para elaborar leis e estatutos com impactos diretos na agenda externa do país, autorizar orçamento para atingir as metas desejadas, regulamentar o comércio exterior, ratificar tratados, aprovar a nomeação de embaixadores, podendo, pelo menos em teoria, influenciar o Executivo a agir em determinada direção ou a prestar contas de suas decisões estratégicas no exterior.

Apesar dos diferentes papéis assumidos por cada um dos poderes da República no campo da política externa, na prática, o planejamento, a tomada de decisões e a implementação da agenda internacional permanecem essencialmente restritos a um pequeno grupo de burocratas e políticos do Poder Executivo, em nível federal. O relativo desinteresse do Congresso por temas de política externa no passado, associado à pouca relevância do tema em processos eleitorais e ao distanciamento da agenda externa dos cidadãos comuns, além da profissionalização do corpo diplomático e de seu prestígio, contribuiu para o excessivo poder do Executivo sobre a agenda externa (Faria, 2012: 318).

O alcance do poder do presidente e de seus assessores, bem como do Itamaraty, na tomada de decisões em política externa, é definido pelo momento político. Dependendo da relevância do consenso político, dos ambientes políticos doméstico e internacional e da personalidade de cada liderança, o presidente pode tomar decisões mais abrangentes; conferir maior ou menor autonomia ao Itamaraty; e se valer, mais ou menos, das opiniões de outros Ministérios que desempenham papéis cada vez mais relevantes na política externa, com responsabilidades pela elaboração e pela condução de iniciativas em suas respectivas áreas.

Os dramáticos desvios observados durante a gestão do presidente Bolsonaro reacenderam debates sobre o imperativo de assegurar maior equilíbrio entre os poderes constitucionais e a sociedade nacional na definição dos rumos internacionais a seguir. Considerando as habilidades, o treinamento e a experiência necessários para operar no campo da política externa, é natural que esse campo continue relativamente restrito a determinados grupos do Poder Executivo nos anos por vir. Mas isso não significa que novos atores, de dentro e de fora da máquina estatal, também não devam se envolver mais ativamente em seus processos de formulação, visando a assegurar maior coerência e sustentabilidade à política externa.

Desde 1936, a Câmara dos Deputados mantém uma Comissão de Relações Exteriores e de Defesa Nacional (CREDN). Entre outras atribuições, esse órgão legislativo tem a responsabilidade de fiscalizar os atos administrativos do Poder Executivo, por meio de audiências e debates com autoridades civis e militares, acadêmicos, especialistas e agentes da sociedade civil. Apesar do amplo escopo de seu mandato, a CREDN historicamente teve pouca influência em questões de política externa, e possuiu menos recursos em comparação com outras comissões da Câmara dos Deputados, atraindo menos interesse no passado.

Em anos recentes, esse quadro começou a mudar. Aos poucos, parlamentares foram desenvolvendo interesse pelas questões de política externa e passando a buscar melhores assessorias, eventualmente questionando as decisões tomadas pelo Executivo, pressionando por mais transparência e realizando mais ativamente audiências públicas e debates com a sociedade civil, embora o diálogo com os diplomatas siga restrito a demandas muito específicas.

O Senado brasileiro também possui sua Comissão de Relações Exteriores e Defesa Nacional (CRE), com algumas atribuições diferenciadas em relação à CREDN (CF de 1988, artigos 49 e 52; Resolução do Senado Federal n. 93, de 1970). Em 2021, a CRE apresentou contribuição inovadora para os processos de indicação dos chefes de missões diplomáticas no exterior, instruindo, obrigatoriamente, os candidatos a desenvolverem um planejamento estratégico para suas novas funções, de acordo com metodologia específica, contendo metas, prioridades e indicadores de desempenho em temas que vão da promoção comercial e de investimentos à promoção da imagem do país; da cooperação em agricultura, ciência, tecnologia e inovação ao apoio às comunidades brasileiras no exterior.

Uma atuação mais ativa do Legislativo no campo das relações exteriores deve contribuir para equilibrar o poder excessivo do Executivo nessa área, assegurando maior continuidade e sustentabilidade às decisões tomadas, e limitando eventuais abusos. Esse renovado papel, no entanto, não deve permitir que a política externa seja instrumentalizada por interesses personalistas dos políticos, especialmente quando têm conhecimento limitado sobre os temas em discussão e são guiados por motivações eleitoreiras de curto prazo.

Na esfera subnacional, governos estaduais e municipais também começaram a assumir papéis internacionais mais relevantes, desenvolvendo estratégias de atração de investimento direto estrangeiro, interagindo com os seus homólogos em outros países e participando de negociações que envolvem seus territórios administrativos. Dependendo da posição geográfica no território nacional e da influência econômica e política, alguns governos regionais, como os de São Paulo e do Rio de Janeiro, exercem influência direta em estratégias externas que envolvem seus empresariados, produção agrícola e industrial, recursos naturais e comércio.

Durante as Conferências das Partes (COP) da Convenção-Quadro das Nações Unidas sobre Mudança do Clima (em inglês, United Nations Framework Convention on Climate Change – UNFCCC), por exemplo, governadores de estados brasileiros recorrentemente participam de painéis e discussões sobre mudanças climáticas, títulos verdes, investimentos verdes e sustentabilidade. Outro exemplo interessante é o do agrupamento Brics, que criou o International Municipal Brics Forum, reunindo autoridades regionais e municipais para discutir o desenvolvimento socioeconômico dos países do grupo. Embora a maioria das autoridades centrais brasileiras permaneça relutante em envolver os governos locais na formulação das estratégias de política externa do país, o reconhecimento de sua importância como parceiros é uma tendência crescente em todo o mundo.

OS NOVOS ATORES DA POLÍTICA EXTERNA BRASILEIRA NO SÉCULO XXI

A melhoria do nível de escolaridade da população brasileira, associada à revolução nas tecnologias de informação e comunicação, permitiu que mais pessoas tivessem opiniões informadas sobre política comercial, mudanças climáticas, imigração ou violações de direitos humanos. Essas mesmas pessoas também são cada vez mais afetadas pelo mercado global, pelas empresas transnacionais, pelos movimentos migratórios e pela opinião pública internacional. É inevitável, portanto, que novos atores queiram participar dos processos de formulação de estratégias que influenciam suas próprias vidas ou, pelo menos, estar mais informados sobre o desempenho do Brasil e os resultados das estratégias internacionais implementadas.

Além disso, à medida que a mera regulação da convivência entre os Estados na arena global passou a coexistir com discussões mais complexas sobre questões ambientais, financeiras, jurídicas e sociais, as quais exigem novos saberes e *expertises* que não se encontram apenas nos órgãos governamentais, diferentes atores passaram gradualmente a oferecer apoio técnico aos processos de planejamento e decisão. De acordo com Spiegeleire et al. (2014), as relações entre atores mutuamente dependentes, com diferentes *expertises* e insumos a oferecer, são consideradas cada vez mais essenciais para resultados bem-sucedidos na nova ordem global. Quanto mais novo e transversal o tema, como mudança climática ou governança da internet, maior a probabilidade de que atores não governamentais sejam incluídos nos processos decisórios desde suas fases iniciais.

Nessa nova realidade, diferentes grupos de interesse e de pressão passaram a reivindicar maior influência nas estratégias do governo sobre temas internacionais relevantes para eles. Esses grupos não decidem diretamente sobre questões de política externa e, em geral, não são convidados para as principais decisões, mas são capazes de construir e manter sua influência moldando os termos dos debates, oferecendo informações aos representantes eleitos e aos burocratas, e monitorando a implementação das estratégias. Esses grupos atuam como auxiliares, que se interpõem entre o governo e o público em geral, associando-se ao sistema decisório por canais de comunicação diversos.

Cabe, aqui, uma observação de caráter maquiavélico. Ainda que os tradicionais formuladores da política externa continuem reticentes em envolver novos atores em seus processos decisórios, as recentes pressões pela democratização da política externa deverão levá-los, ao menos, a expandir o diálogo para legitimar decisões já tomadas.

As novas diretrizes apresentadas pelo governo Lula, no sentido de reativar os conselhos de políticas públicas e obrigar os ministérios a criarem assessorias especiais para a interlocução com a sociedade civil, são sinais de que os atores tradicionais da política externa não mais poderão se esquivar do resto da sociedade. O desafio maior é, portanto, assegurar que a voz desses novos atores seja realmente ouvida e não apenas manipulada, como forma de legitimar decisões tomadas a portas fechadas.

Segundo Brodkin e Kingdon (2011: 77), a distinção entre atores internos e externos ao governo decorre essencialmente de haver ou não autoridade formal para tomar decisões e estar sujeita a regras de prestação de contas. No Brasil, até pouco tempo, os únicos grupos fora do governo com alguma influência nas relações exteriores eram a academia e os centros de pesquisa, que ainda contribuem amplamente com novos insumos e abordagens teóricas para a projeção externa do país. No entanto, esses atores afetam mais as alternativas de política externa do que sua própria formulação ou processos decisórios.

Nos dias de hoje, o governo deve aceitar que diferentes grupos, associações, organizações e até mesmo indivíduos também possam se tornar relevantes fontes de influência na formulação das agendas externa e de segurança brasileiras. As grandes empresas e associações empresariais, por exemplo, têm desempenhado papel cada vez mais ativo na formulação da política externa, com vasta disponibilidade de recursos e atividades de *lobby* que visam ao engajamento com os governos para criar um ambiente de negócios favorável e adequado aos seus interesses. Nas políticas de comércio exterior e investimentos, grande parte dessa interação busca influenciar os governos a adotarem políticas que favoreçam exportadores, importadores, receptores de investimentos diretos e investidores.

Também é comum que lideranças do governo brasileiro recebam delegações empresariais estrangeiras acompanhadas por empresários em visitas oficiais ao exterior, e mantenham encontros regulares com CEOs de empresas nacionais e estrangeiras, refletindo não apenas a influência dos negócios na política doméstica, mas também nas interações do Brasil com outros países e mesmo nas políticas estratégicas de países vizinhos. O mesmo raciocínio pode ser estendido ao setor de agronegócios nacional, devido ao seu poder financeiro e ao crescente número de transações internacionais com outras empresas e governos.

A mídia nacional também vem mudando a forma como os cidadãos percebem e abordam a política externa, informando, denunciando, apoiando e criticando as decisões governamentais, bem como trazendo à tona questões externas que não estavam na agenda dos cidadãos comuns, mas que podem afetá-los. No Brasil de hoje, a mídia estabelecida dá muito mais atenção às questões externas do que no passado, eventualmente influenciando estratégias do governo e pressionando os representantes eleitos a consubstanciar seus pontos de vista antes de decidir sobre questões que possam impactar os cidadãos, direta ou indiretamente.

Uma das formas mais efetivas pelas quais a mídia tradicional brasileira tem influenciado as agendas de política externa é a partir do que ficou conhecido como "efeito CNN". Ao transmitir imagens de graves crises em países vizinhos, conflitos ou abusos de direitos humanos mundo afora, a mídia desperta forte emoção no público, que estará mais propenso a exigir das autoridades eleitas uma reação moral a esses problemas externos. Isso significa que o uso de imagens chocantes pode compelir os formuladores de políticas a reagir a situações em relação às quais eles poderiam não ter interesse (Gilboa, 2005).

Apesar de tais avanços, a influência da mídia na definição da agenda de política externa ainda é limitada, essencialmente porque as histórias que circulam nos noticiários tendem a relatar o que as autoridades já estão fazendo ou já estão cientes. Além disso, a mídia brasileira reflete uma audiência altamente concentrada e a propriedade cruzada dos meios de comunicação,[2] o que compromete de maneira significativa a circulação de ideias, a diversidade de opiniões e a própria democracia.

Além da mídia estabelecida, outros canais de comunicação, como Facebook, Twitter, Instagram, YouTube e WhatsApp, tornaram-se mais acessíveis e cada vez mais utilizados para compartilhar e obter informações, inclusive sobre a agenda externa do país, tanto por altas autoridades como por cidadãos comuns. Para atender às demandas de um público crescente houve, por exemplo, uma multiplicação sem precedentes no volume de *tweets* sobre eventos globais postados por presidentes, políticos e personalidades brasileiras, em um fenômeno chamado "diplomacia do Twitter".

Essas plataformas de mídia social permitem que formuladores de política externa transmitam suas posições e opiniões sobre temas diversos sem a necessidade de canais diplomáticos formais, contribuindo para ampliar o alcance de temas internacionais junto ao público em geral. Também possibilitam que as pessoas se aproximem do governo com mais facilidade, enviando demandas, apresentando sugestões ou cobrando resultados.

As relações exteriores do Brasil devem ser tratadas como um assunto transversal à ação governamental, para o qual devem convergir os demais órgãos da administração pública e a sociedade civil. Práticas efetivas de colaboração intersetorial e outros tipos de mecanismos de consulta entre diplomatas, burocratas, militares, academia e demais setores interessados devem assumir, assim, um papel central para otimizar os resultados das relações internacionais do país.

POLÍTICA EXTERNA
E SOCIEDADE CIVIL ORGANIZADA

O processo de redemocratização no Brasil ocorreu em contexto internacional de profundas mudanças, que resultou em grande euforia em torno do "nascimento de uma nova era". No Brasil, esse cenário refletiu-se, entre outros, na abertura de canais de participação social na formulação de políticas públicas e na definição dos rumos a serem seguidos pelo país. Depois de anos de contestação, era chegada a hora de a sociedade civil buscar novas formas de interlocução e negociação em defesa de seus interesses.

Desde a promulgação da CF de 1988, os conselhos e os comitês gestores de políticas públicas, bem como as conferências, têm sido as estratégias institucionais mais recorrentes de interação com a sociedade civil − e entre a sociedade civil − para a formulação de políticas públicas no país. A elas, somaram-se, desde o início de século XXI, ferramentas digitais de participação popular e controle social.

Os conselhos são espaços de discussão de caráter permanente, criados por atos normativos, formados por representantes do governo e da sociedade civil. São canais de diálogo com a sociedade, com destaque em áreas que vão dos direitos humanos à segurança alimentar e nutricional, do meio ambiente às cidades, da educação à saúde, dos direitos da criança e do adolescente aos direitos dos deficientes. A grande contribuição dos conselhos é otimizar a eficiência dos serviços prestados e dar maior transparência às ações do Estado.

No campo da política externa, o avanço democrático do país nos anos 1990 levou à abertura maior ao diálogo com a sociedade civil, especialmente durante as mobilizações em torno das rodadas de conferências das Nações Unidas naquela década. Os conselhos tiveram papel importante na definição das posições defendidas pelo Brasil em conferências de direitos das mulheres, direitos humanos, segurança alimentar e nutricional, desenvolvimento social e meio ambiente, para citar apenas alguns exemplos. Poucas vezes houve, contudo, mecanismos que assegurassem a institucionalização permanente do diálogo com os formuladores de política externa.

A Conferência Rio-92 talvez tenha sido a primeira grande oportunidade oferecida à sociedade brasileira de influenciar a agenda externa do país de forma assertiva, bem como de liderar diálogos com a sociedade civil organizada de outros países. Outro momento marcante foi a preparação da Conferência Mundial sobre Direitos Humanos, em 1993, quando o Itamaraty estabeleceu diálogo com a sociedade no processo de elaboração da posição brasileira. A própria diplomacia começava a ver com bons olhos a mobilização internacional da sociedade brasileira, como forma de apoiar suas posições, e o Itamaraty assumiu assentos em diversos conselhos a fim de acompanhar mais de perto suas deliberações.

Em 2003, circulou minuta de Decreto Presidencial para a criação de um Conselho de Política Externa que nunca foi adiante. Entre os argumentos contrários utilizados, estavam a dificuldade de definição de critérios para a sua composição e a falta de clareza nos objetivos. Deve-se adicionar a isso o fato de que, à época, ainda não havia significativa articulação política da sociedade civil para a criação de um conselho de política externa, além de relevante oposição dentro do Itamaraty.

Ainda assim, a atuação internacional da sociedade civil foi ganhando relevância, com destaque para seu envolvimento organizado no Fórum Social Mundial e para a participação de representantes da sociedade civil, e do empresariado nacional, em missões oficiais ao exterior. Beneficiados pelos impactos dos meios de comunicação na sociedade brasileira, setores da sociedade civil também passaram a se organizar politicamente por meio da internet, visando a influenciar a formulação da agenda externa do país.

A ascensão do presidente Bolsonaro ao poder levou à extinção, ou ao esvaziamento, de 75% dos conselhos e dos comitês nacionais no Brasil. Não obstante as adversidades, a atuação internacional de grupos da sociedade civil em temas como os direitos das mulheres, saúde, direitos LGBTQIAP+ e outras áreas específicas continuou de relevância fundamental para orientar a agenda externa do Brasil, bem como para limitar os abusos e as distopias verificados nos últimos anos.

Felizmente, tudo indica melhorias. Em seu primeiro pacote de medidas depois de tomar posse em 2023, o presidente Lula editou um decreto que retira os impedimentos para a participação popular na formulação de políticas públicas, revertendo a decisão imposta pelo ex-presidente, Jair Bolsonaro. De relevância central para a área de política externa, Lula determinou a retomada do Conselho Nacional do Meio Ambiente, além do Conselho Nacional de Segurança Alimentar e Nutricional, símbolo da luta contra a pobreza e a fome.

A atualização dos conselhos para a realidade dos anos 2020, bastante diferentes de 20 anos atrás, poderá contribuir para fortalecer a participação popular também no campo da política externa. De modo a atender às demandas emergentes, os conselhos necessitam ser mais dinâmicos e assegurar participação mais diversa que, efetivamente, reflita a sociedade. Precisam, ainda, de mandatos mais bem definidos. Tais diretrizes poderiam servir de base para a criação de um Conselho de Política Externa.

GERENCIANDO UM NOVO MODELO DE COOPERAÇÃO INTERSETORIAL

Para gerenciar mais efetivamente a colaboração entre múltiplos atores na prática da política externa brasileira, as lições de Bryson, O'Leary e Stone (2015) podem ser extremamente úteis. Segundo os autores, os formuladores de políticas públicas deveriam dar mais atenção às estratégias que visam à construção de relacionamentos, à negociação e aos resultados *win-win*, e não apenas controlar o ambiente e as condições existentes. Klijn e Koppenjan (2020) defendem, ainda, que as estratégias devem estar alinhadas aos interesses dos atores sociais que por elas serão afetados, e serem adaptáveis às mudanças de circunstâncias.

Considerando as singularidades da política externa brasileira, a adaptação de diferentes modelos de colaboração intersetorial criados para as políticas públicas em geral poderia contribuir para conectar uma variedade maior de atores para alcançar conjuntamente o que não poderia ser conseguido por atores individuais (Bryson; O'Leary; Stone, 2015). Tal abordagem também deve contribuir para ajudar os atores de política externa a identificar as respostas mais apropriadas dentro do repertório de ferramentas disponíveis, levando em consideração as janelas de oportunidade existentes, tecnologias e competências, recursos, desequilíbrios de poder entre atores em cooperação, além de lógicas institucionais concorrentes dentro da colaboração em si.

Lógicas institucionais concorrentes certamente influenciarão, na medida em que os colaboradores podem concordar com elementos essenciais do processo, estrutura e resultados possíveis, exigindo dos formuladores de política externa habilidades para equalizar o poder e gerenciar conflitos, especialmente nas fases iniciais de planejamento. Em determinadas estruturas colaborativas, por exemplo, a tomada de decisão é feita por meio de reuniões regulares ou interações frequentes. Outros modelos de colaboração incluem uma organização líder que forneça as principais diretrizes e conduza o processo negociador – no Brasil, o Ministério das Relações Exteriores é considerado, por excelência e por lei, o principal coordenador da colaboração intersetorial no domínio da política externa. Em outros casos, uma estrutura administrativa é formada para supervisionar e coordenar os assuntos em discussão. Há também formatos híbridos que incorporam aspectos de duas ou mais dessas estruturas, o que reforça a importância da escolha gerencial como elemento crítico para adequar a melhor forma de colaboração às condições existentes.

Para Donahue (2004), existem três perspectivas simples para avaliar o sucesso de colaborações intersetoriais, que incluem simplesmente existir; atender aos imperativos organizacionais dos parceiros; e superar arranjos alternativos viáveis para criar valor público. Se uma colaboração intersetorial produzir mais resultados positivos e estiver sujeita a reavaliações regulares, aproveitando os pontos fortes de cada colaborador e minimizando os pontos fracos, a probabilidade de criar valor público que não poderia ser criado apenas por setores isolados tenderá a ser maior (Bozeman, 2007). Em qualquer circunstância, os resultados positivos devem ser amplamente divulgados a fim de garantir o apoio contínuo. Em caso de falha, os parceiros colaboradores devem ser capazes de reagrupar ou reformular o projeto, pois a falha em alcançar os resultados desejados pode corroer o apoio à colaboração.

No Brasil, devido à evolução recente das relações internacionais e do ambiente político interno, crescem em ritmo acelerado os questionamentos à capacidade de seus tradicionais formuladores de política externa de liderar e coordenar a agenda externa do país.

Na prática, os desafios de coordenação começam dentro do próprio Poder Executivo. Ainda que a Lei n. 13.844/2019, artigo 45, inciso VIII, afirme claramente que o Itamaraty é responsável pela coordenação das atividades das assessorias internacionais de todos os órgãos da administração pública federal, o Decreto n. 10.374/2020, Anexo I, indica, entre outros, que a Secretaria Especial de Assuntos Estratégicos da Presidência da República tem competência para elaborar informações e material de apoio a reuniões e audiências do presidente da República com autoridades estrangeiras; preparar a correspondência do presidente da República com autoridades e personalidades estrangeiras; participar do planejamento, da preparação e da execução das viagens internacionais do presidente; encaminhar e tramitar as propostas e os arquivos da área diplomática em tramitação na presidência da República; e acompanhar o presidente em compromissos internacionais, audiências, reuniões e eventos, quando necessário.

Isso cria inúmeras confusões com relação às competências constitucionais, e outras competências legais, do Ministério das Relações Exteriores, e confirma que, dependendo da administração no poder, o assessor internacional do presidente pode ter mais ou menos influência sobre a formulação da política externa do Brasil.

Ainda dentro do Poder Executivo, a Lei n. 13.844/2019 também atribuiu competências importantes em matéria de política externa a outros ministérios. No artigo 21, por exemplo, a lei informa que o Ministério da Agricultura, Pecuária e Abastecimento é responsável pelas negociações internacionais sobre temas de interesse de agricultura, pecuária, aquicultura e pesca. Na Seção IV-A, a lei diz que o Ministério da Ciência, Tecnologia e Inovação é responsável pela política espacial do país; pela política nuclear; e pelo controle de exportação de bens e serviços sensíveis. De acordo com artigo 27, as áreas de competência do Ministério da Defesa incluem negociações de acordos e controle de exportação e importação de produtos de defesa, entre outros.

A referida lei atribuiu competências ainda mais amplas sobre temas de relações exteriores ao Ministério da Economia do governo Bolsonaro, os quais, mesmo após a dissolução daquele ministério, dificilmente voltarão ao controle do Itamaraty. Essas atribuições incluem: a gestão da dívida pública interna e externa; negociações econômicas e financeiras com governos, organizações multilaterais e agências governamentais; fiscalização e controle do comércio exterior; formulação de diretrizes, coordenação de negociações, e monitoramento e avaliação de financiamento externo de projetos públicos com organismos multilaterais e agências governamentais; políticas de comércio exterior; regulação e execução de programas e atividades relacionadas ao comércio exterior; aplicação de mecanismos de defesa comercial; e participação em negociações internacionais associadas ao comércio exterior.

Em que pese o fato de que a administração de Lula, que teve início em 2023, alterou significativamente a estrutura da presidência da República e dos ministérios em vigor desde o governo anterior, será cada vez mais difícil revogar competências em matéria de política externa já concedidas às novas áreas. De certa forma, devido à multiplicação das agendas de política externa e à crescente necessidade de conhecimento técnico, tais desdobramentos são inevitáveis.

Para promover valor público e trazer benefícios concretos para a sociedade brasileira, no entanto, as iniciativas de diferentes instituições precisam ser bem coordenadas e as expectativas alinhadas em torno de uma grande estratégia. No passado, o Ministério das Relações Exteriores foi indiscutivelmente responsável pela condução das relações estratégicas do país no exterior. As consultas realizadas sob sua égide serviram, entretanto, mais para legitimar suas políticas do que para proporcionar uma troca de pontos de vista entre o governo e com a sociedade (Costa, 1995: 22). Nos dias atuais, o que se vê é um amálgama de iniciativas desconexas, além de uma crescente disputa pelo controle da agenda externa do país.

O Itamaraty está habilitado por lei para conduzir as relações internacionais do Brasil e continua sendo a instituição mais qualificada para coordenar diferentes iniciativas associadas à sua projeção externa. Para manter posição central nesses processos, mudanças estruturais são a "ordem do dia".

Reconhecer a importância da cooperação, da aprendizagem e da participação não implica necessariamente o desvio de uma perspectiva de comando e controle, mas pode contribuir para ciclos de elaboração de estratégias mais eficazes (Bryson; O'Leary; Stone, 2015). Sem abrir mão de suas prerrogativas legais, os formuladores de política externa devem estar mais abertos a novas práticas, que sejam menos guiadas pela experiência e mais pela racionalidade econômica, e por princípios comportamentais, relacionais e sociológicos (Sørensen; Torfing, 2007).

BRASIL, ETERNO PAÍS DO FUTURO?

O desenvolvimento de ampla estratégia nacional, no sentido de colocar o Brasil no centro dos processos decisórios globais, está inevitavelmente associado à compreensão e à análise de determinantes, características e condições, os quais deverão influenciar, de maneira mais decisiva, a evolução do país nas próximas décadas, assim como sua projeção na nova ordem mundial.

Algumas dessas características variam com o tempo, ainda que lentamente, como a cultura e os valores da nação, enquanto outras são mais permanentes, como território, recursos naturais e geografia. Segundo Guimarães (2006), espera-se que "países gigantes" como o Brasil, com grandes territórios, populações e ricos em recursos naturais, tenham maior peso e maiores responsabilidades nos assuntos internacionais.

No caso do Brasil, não apenas o país possui o quinto maior território do planeta, a sétima maior população e uma das principais economias globais, mas também abriga de 10 a 20% das espécies vivas conhecidas no mundo e a maior floresta tropical, além de deter cerca de 12% das reservas de água doce de superfície e quase 20% das reservas totais de água do planeta. O Brasil também é um dos produtores agrícolas mais relevantes, atrás apenas de China, Índia e Estados Unidos; detém o maior complexo industrial da América Latina; possui vasta oferta de petróleo e gás, e uma das matrizes energéticas mais limpas entre as maiores economias do mundo.

Essas características, por si sós, já justificariam a centralidade do país em qualquer grande processo decisório global nas próximas décadas, especialmente considerando a potencial escassez de recursos naturais ao longo do século XXI, as ameaças à segurança alimentar, os eventos climáticos extremos, a destruição de florestas e os processos de desertificação.

Por que, então, a projeção externa do Brasil continua aquém de seu potencial? As respostas são inúmeras e complexas. Alguns dos mais importantes pensadores brasileiros do século XX (Holanda, 2014; Furtado, 1959; Candido, 1967; Ribeiro, 1995) já apontavam que certas características da sociedade brasileira levaram o país a uma cultura política e de planejamento mais orientada para benefícios individuais e imediatistas do que para aspirações coletivas de longo prazo, e à perpetuação no poder de uma elite relutante em promover transformações estruturais.

Pode-se dizer que o modelo de planejamento nacional brasileiro continua a depender da ação de suas elites, o que tem levado a uma constante desconexão entre as demandas sociais existentes e as estratégias implementadas por cada administração. Enquanto isso, o cidadão comum mantém o papel secundário de esperar que o futuro um dia se concretize, de preferência sem contestar a ordem social vigente (Oliveira, 2017: 32).

No campo da política externa, embora a burocracia, os militares, a sociedade civil, a academia e o setor privado há décadas venham desenvolvendo estudos e análises para indicar os melhores caminhos para o desenvolvimento nacional, e para a projeção internacional do país (por exemplo, PPA, 1996-2020; Plano da Amazônia Sustentável – PAS, 2008; Política Nacional de Defesa – PND, 2012; Estratégia Nacional de Defesa – END, 2012; Livro Branco de Defesa Nacional – LBDN, 2012; Estratégia Nacional de Desenvolvimento Econômico e Social – Endes, 2018; Desafios da Nação, do Instituto de Pesquisa Econômica Aplicada – Ipea, 2018; Mapa Estratégico da Indústria, da Confederação Nacional da Indústria – CNI, 2018 etc.), na ausência de processos contemporâneos de formulação de estratégias, nada assegura que elas sejam levadas em consideração pelos governos do dia ou implementadas de modo sustentável, para além dos quatro anos de mandatos das administrações eleitas.

Além disso, questões como infraestrutura precária, violência urbana e instabilidade política, associadas a um sistema de governança política ultrapassado e à falta de clareza sobre o tipo de desenvolvimento nacional que queremos, têm impedido o Brasil de alcançar o crescimento econômico e a coesão social necessários para sustentar seu projeto externo.

No contexto regional, por exemplo, apesar do compromisso de estabelecer a liderança na América do Sul, a elite política e o setor empresarial não se mostraram dispostos a dividir poder ou benefícios econômicos com seus vizinhos, levando à percepção de que o Brasil estaria buscando dominar a região, em vez de promover seu desenvolvimento.

Com relação à Amazônia, depois das contribuições de Becker (1982) e da Conferência Rio-92, ficou evidente que o país enfrenta agudas contradições, as quais continuam influenciando profundamente as perspectivas presentes e futuras para a região. Apesar do desenvolvimento de novas estratégias com base nos princípios de proteção e valorização da diversidade social, cultural e ambiental,[3] a articulação institucional permanece limitada por visões setoriais e interpretações imediatistas dos problemas existentes. Além disso, a destruição da floresta em ritmo acima do desejado continua estreitando as margens de ação da política externa ambiental brasileira.

De acordo com Jaguaribe (2020: 3), ao contrário do que se viu no passado, as gerações presentes e futuras de formuladores da política externa brasileira devem estar mais orientadas a identificar tendências que tenham a possibilidade de perdurar além do impacto de curto prazo, apresentando cursos politicamente viáveis e mais eficazes de ação, as quais sejam apoiadas por políticas públicas baseadas em evidências e por maior engajamento em diálogos construtivos, com múltiplos atores interessados.

Uma política externa inteligente começa em casa, com sólidos princípios democráticos, instituições confiáveis, justiça social e igualdade. Tem que produzir resultados positivos, tanto externa como internamente, incluindo desenvolvimento, crescimento econômico, segurança, meio ambiente saudável, inclusão social, empregos e assim por diante. Diante dos complexos desafios atuais, a política externa brasileira deve ter papel mais assertivo no apoio à renovação do país, mas para isso precisa de um senso claro de prioridades de longo prazo, que levem em conta a realidade nacional, os recursos disponíveis e a crescente coordenação entre atores cada vez mais diversos.

CULTURA, TRADIÇÃO E POLÍTICA EXTERNA

Em uma perspectiva ampla, a maioria dos países, incluindo o Brasil, tem como principais objetivos a autonomia para decidir sobre as estratégias de desenvolvimento interno, a redução da pobreza, o crescimento inclusivo, a paz e a segurança dentro de suas fronteiras, em suas regiões e no mundo. Consequentemente, espera-se que os componentes da política externa sejam orientados para o fortalecimento das medidas adotadas na prossecução desses objetivos estratégicos, observadas as respectivas características e as potencialidades de cada nação (Oliveira, 2017: 19).

Apesar da relativa continuidade de tais objetivos, seria errado considerar que as ideias e as percepções sobre como alcançá-los não mudam ao longo do tempo. Com efeito, como parte de um quadro mais amplo de políticas públicas, a política externa reflete, em teoria, os interesses da sociedade nacional em um determinado tempo e espaço, sendo influenciada e condicionada por fatores históricos, sociais e culturais, que proporcionam formas de pensar contrastantes. Essa relativa flexibilidade da agenda externa, contudo, não deve desconsiderar ou relegar a segundo plano as características essenciais do país e de sua sociedade. Ao contrário, deve trazer novas luzes às análises existentes, a partir de transformações e desafios, nacionais e globais, emergentes.

Não se pode negar que cada nação herda uma história e uma cultura que influenciam seus cursos de ação, incluindo suas abordagens aos diferentes desafios externos. O processo de colonização em muitas partes do mundo, por exemplo, teve influência significativa na forma como diversos países se comportam na arena internacional, na sua autoconfiança como nações e nas suas relações com os antigos impérios coloniais.

No Brasil, apesar de haver uma língua, um colonizador e, alegadamente, uma história comuns, a construção da sociedade nacional resultou de diferentes projetos das elites em uma delimitação geográfica específica. O Brasil está muito longe de ser um país homogêneo. A construção da nação brasileira envolveu complexa mistura de matrizes étnicas que favoreceram a formação de uma sociedade vibrante, mas também conflituosa, resultando em manifestações culturais heterogêneas, extrema desigualdade social e práticas políticas que prejudicaram − e continuam prejudicando − as condições de financiamento do desenvolvimento, com impactos diretos na projeção externa do país.

Para detectar os fundamentos culturais da política externa brasileira, deve-se ter em mente que valores como democracia, igualdade, direitos humanos ou desenvolvimento geralmente não têm os mesmos significados para diferentes pessoas ou grupos, de classes sociais e regiões distintas, e em momentos históricos diversos.

Se, por um lado, as características de nossa sociedade conferem ao país maior maleabilidade para lidar com temas complexos da ordem internacional, por outro, a falta de homogeneidade dificulta a coesão em torno das lideranças nacionais e de seus projetos de política externa, o que se torna cada vez mais relevante nos dias de hoje.

Na maioria das democracias, a implementação de políticas públicas, incluindo-se a política externa, requer certo grau de aceitabilidade, que depende da estrutura social e do momento político em que os tomadores de decisões atuam. Como produtos de uma nação democrática, as estratégias de política externa que não contam com um nível mínimo de apoio doméstico dificilmente terão sucesso, o que significa que seus formuladores precisarão lidar de maneira crescente tanto com variáveis internacionais quanto domésticas para implementar a agenda internacional do país.

O DESPERDÍCIO
DO PODER BRANDO BRASILEIRO

Há um senso comum entre especialistas brasileiros de que o país dispõe de abundantes reservas de *soft power*, ou seja, capacidade de influenciar terceiros para obter resultados desejáveis por meio da definição de agendas, persuasão e atração positiva (Nye, 1990). Tal crença se apoia nos recursos naturais do Brasil, no mito da democracia racial, no caráter cordial de seu povo, em sua bossa-nova, samba, carnaval, praias e assim por diante. Em uma análise pioneira, o embaixador Gelson Fonseca Jr. (1998: 42) afirmou que, diante dos recursos relativamente limitados de *hard power* do Brasil, a capacidade de persuadir deveria ser o principal recurso da sociedade brasileira para sua projeção internacional, associado ao multilateralismo, à construção de coalizões e a outros métodos frequentemente usados por potências médias para obter influência sistêmica.

Ainda que o poder brando seja um ativo de difícil mensuração, por ser subjetivo, efêmero e difuso, tentativas recentes de quantificá-lo colocam em questão a extensão até a qual ele está sendo coerentemente projetado no Brasil (Gadelha, 2017: 106), revelando a ausência de uma estratégia nacional integrada de projeção de *soft power*, e os impactos negativos para a imagem do país associados à violência interna, aos escândalos de corrupção e às crescentes desigualdades, que assustam turistas e empresários. De acordo com o índice "Soft Power 30" de 2019, o Brasil ocupava a 26ª posição entre 30 países; em estudo feito pela consultoria Brand Finance, em 2022, o Brasil estava na 28ª posição entre 120 países.

Aceitar que o país enfrenta um déficit relativo de poder econômico e militar em comparação com as grandes potências globais e, portanto, contar com a projeção do poder brando de maneira mais eficaz são aspectos que devem assumir relevância central para os formuladores de política externa brasileiros. O estabelecimento de um plano de ação robusto nesse sentido deve envolver necessariamente a sociedade nacional, não só porque pressupõe decisões políticas de toda a nação, mas também porque o *soft power* e a atração exercida por ele provêm essencialmente das dinâmicas de nossa própria sociedade (Gadelha, 2017: 105).

Nos primeiros governos do presidente Lula, por exemplo, uma das principais razões pelas quais o Brasil assumiu papel central nas negociações globais sobre segurança alimentar, mudanças climáticas, direitos humanos e combate à pobreza deve-se ao fato de que o país implementou medidas inovadoras nessas áreas, tornando-se uma referência para o mundo inteiro sobre desenvolvimento agrário, energias renováveis, direitos LGBTQIAP+, políticas de transferência condicional de renda, entre outros. Uma vez que essas políticas foram parcialmente desconstruídas por seus sucessores, ou mesmo revertidas, tornou-se naturalmente difícil para o Brasil sustentar suas posições externamente.

A eleição de Lula para um terceiro mandato e as novas medidas de política interna e externa por ele anunciadas, associadas à liderança carismática do presidente, deverão por si sós sinalizar tendência positiva na projeção do *soft power* brasileiro. Isso não significa que as autoridades nacionais estejam pensando em estratégias específicas e coordenadas de projeção de poder brando para além dos quatro anos do mandato do presidente eleito. Ademais, já está claro que a simples diplomacia presidencial não será suficiente para construir uma nova imagem do Brasil mundo afora.

Deve-se destacar, por fim, que a projeção de poder brando também passa por investimentos em ciência, tecnologia e inovação, que assumiram papéis decisivos em discussões sobre crescimento populacional, segurança, migração, mudanças climáticas e energia, e poderão contribuir significativamente para reposicionar o Brasil na arena mundial. Apesar disso, o sistema de inovação brasileiro não tem conseguido manter fluxos constantes de recursos nem implementar seus projetos prioritários. De acordo com o Bloomberg Innovation Index 2021, o Brasil está na 46ª posição mundial entre os países analisados; no IMD World Digital Competitiveness Ranking 2020, o Brasil aparece na 51ª posição entre 63 países pesquisados.

O Brasil precisa ter senso de urgência e otimizar o uso da inteligência disponível a fim de dar um salto na criação de novas mentalidades e metodologias para a resolução de problemas (Arbix, 2017), inclusive para aqueles associados à projeção do poder brando brasileiro, com foco na eficácia dos resultados. Quanto mais agentes de inovação caminharem nesse sentido, de modo coordenado, mais efetiva será a sinergia entre governo, empresas, universidades e sociedade civil, e maior será a probabilidade de aumentar positivamente o impacto na imagem externa do país.

ESCASSOS RECURSOS, RESULTADOS INSUFICIENTES

Qualquer grande estratégia internacional sustentável no tempo envolve a efetiva compatibilização entre os meios e os fins desejados, ou a devida alocação de recursos a serviço dos objetivos internacionais da nação (Brands, 2010: 60). No Brasil, o Poder Executivo, com a aprovação do Congresso Nacional, decide com considerável autonomia a respeito dos recursos financeiros e humanos destinados às relações exteriores do país.

Em virtude da ambição de longa data dos formuladores da política externa brasileira de assumir posição central nos assuntos globais, especialmente a partir dos anos 2000, era de se esperar que recursos adicionais fossem destinados à projeção externa do país, além disso, que esses recursos também fossem mais previsíveis, visando à continuidade dos compromissos assumidos no longo prazo.

A maioria da sociedade brasileira, no entanto, ainda tende erroneamente a acreditar que o Brasil deve primeiro resolver seus problemas internos antes de investir mais recursos em sua agenda internacional, contribuindo para a marginalização do orçamento destinado à política externa. Soma-se a isso o fato de que os formuladores de política externa sempre estiveram bastante isolados do domínio da política interna e, assim, pouco aptos e propensos a lutar por mais recursos e justificá-los.

Como burocracia weberiana, a elite da política externa brasileira nunca se preocupou seriamente em compreender e fazer parte do complexo ambiente político nacional, nem foi constrangida a justificar de maneira ampla a relevância de suas atividades para a sociedade brasileira no passado. Isso levou a uma falta de habilidade para lidar com a política e os políticos em geral e, consequentemente, para implementar atividades de *lobby* em favor de recursos adicionais para estratégias de política externa mais eficazes, de modo consistente e bem fundamentado.

Para melhor compreender as limitações do orçamento da política externa brasileira, é relevante colocá-lo em perspectiva em relação ao orçamento nacional. No Brasil, o orçamento federal identifica no item "relações externas" essencialmente o orçamento do Ministério das Relações Exteriores, incluindo recursos destinados a: relações diplomáticas; administração geral; formação de recursos humanos; cooperação internacional; pensões do regime estatutário; atenção primária; proteção e benefícios do trabalhador; difusão cultural; disseminação do conhecimento científico e tecnológico; promoção comercial; outros encargos especiais; e reserva para contingências. Dentro dos recursos designados especificamente às relações diplomáticas, há uma subdivisão entre administração; relações estrangeiras; direitos de cidadania; agricultura; indústria; energia; e transporte.

Em 2020, o orçamento do Ministério das Relações Exteriores representou apenas 0,22% do orçamento total do país. Em 2021, o cenário foi ainda mais dramático, com somente 0,17% do orçamento da União direcionado ao Itamaraty, chegando a cerca 0,28% em 2022, após sucessivos pedidos de complementação orçamentária. Na prática, porém, considerando que a política externa é um assunto transversal, que interconecta vários outros setores em suas estratégias externas, pode-se dizer que os recursos destinados à política externa vão consideravelmente além desses números, embora continuem muito escassos. Incluem, para citar apenas alguns exemplos, contribuições financeiras para organismos internacionais, bolsas para estudantes no estrangeiro, promoção turística, iniciativas de cooperação internacional a cargo de outras agências governamentais e financiamento à exportação, sem esquecer o orçamento destinado a estratégias externas de estados e municípios, do setor privado e de ONGs.

Além disso, a Agência Brasileira de Promoção de Exportações e Investimentos (Apex-Brasil), a Empresa Brasileira de Pesquisa Agropecuária (Embrapa) e a Agência Brasileira de Promoção Internacional do Turismo (Embratur) também têm papel ativo no financiamento de estratégias de política externa, ainda que seus orçamentos não estejam incluídos no item "relações externas" do orçamento federal. Tal "pulverização" do orçamento resulta em grande dificuldade para identificar o total de recursos designados à política externa brasileira, espelhando o déficit estrutural de coordenação entre seus agentes, que muitas vezes utilizam recursos na arena internacional sem consultar outros atores interessados, alocando-os de maneira ineficiente.

Se o Brasil pretende tornar-se um ator global, de forma sustentável e compatível com o tamanho de sua economia e influência política, será inevitável alocar mais recursos para a agenda externa do país. Para que isso aconteça, no entanto, é essencial contar com uma participação mais ativa dos formuladores de política externa na definição do orçamento nacional, o que criará, inclusive, melhores condições de planejamento, por conciliar as ambições existentes com os recursos disponíveis de modo racional.

O controle sobre o orçamento é assunto de amplos e complexos debates no país, que refletem a relevância do tema para a política interna e para a sociedade nacional. O orçamento destinado às relações exteriores deve, portanto, ser administrado dentro de limites claros e previsíveis para a política fiscal, em consonância com as prioridades estratégicas do governo para atender às necessidades de desenvolvimento nacional de forma coerente e com boa relação custo-benefício. Deve, ainda, refletir um sistema contábil abrangente e preciso das finanças públicas, planejado, gerido e monitorizado de maneira realista.

*

A discussão sobre os recursos destinados à política externa vai muito além do orçamento, incluindo também pessoal, o número de representações diplomáticas do país no exterior, a existência de ferramentas eficazes de comunicação, bem como formulação de estratégias e diversos outros ativos materiais e imateriais.

Atualmente, o governo brasileiro mantém relações diplomáticas com 196 países, incluindo os 193 Estados-membros das Nações Unidas, o que se reflete em um total de 225 representações diplomáticas no exterior, em 140 países. De acordo com o Índice de Diplomacia Global do Lowy Institute, o Brasil é o oitavo país com mais representações diplomáticas no mundo, sendo a lista liderada por China, Estados Unidos, França, Japão e Rússia.

A presença do Brasil em diferentes países seguramente contribui para fortalecer sua influência ao redor do globo. Existe, contudo, um problema em geral pouco discutido, que se refere à limitação de recursos não apenas financeiros, mas também humanos, alocados para esses postos diplomáticos. Enquanto embaixadas como as de Washington, Paris, Roma ou Londres encontram-se muito bem lotadas, as embaixadas de Porto Príncipe, Dili ou Brazzaville sofrem com a falta de pessoal e, muitas vezes, não são capazes de desempenhar as mínimas tarefas delas esperadas, limitando-se a atividades de natureza exclusivamente administrativa de autopreservação. Até o momento, não foi apresentada nenhuma análise séria, incluindo análises de custo-benefício, sobre o custo de oportunidade de se manter embaixadas esvaziadas de funcionários e outros recursos, ou se seria mais eficaz utilizar esses recursos para melhor aparelhar embaixadas que se encontram sublotadas em países mais estratégicos.

Além de problemas associados ao limitado número de funcionários do serviço exterior brasileiro,[4] apesar de sua excelência reconhecida, e à ineficaz alocação de seus quadros nos postos no estrangeiro e também em Brasília, na prática, as representações diplomáticas são de domínio quase exclusivo do Ministério das Relações Exteriores – e não do próprio Estado, como deveria ser. Eventualmente, os postos no exterior contam com o apoio de adidos agrícolas, militares, de inteligência e da polícia militar, entre outros casos mais isolados. Esses adidos trabalham sob o comando de suas instituições de origem, idealmente em coordenação com os chefes das missões diplomáticas, que são as mais altas autoridades brasileiras em qualquer país estrangeiro, e a quem todos os demais atores estão subordinados em última instância.

Embora os números de adidos sejam tímidos quando comparados aos de outros grandes países, bem como ao tamanho da economia brasileira e ao alcance de suas ambições externas, não há dúvidas de que eles efetivamente contribuem com conhecimentos técnicos e experiências que não podem ser fornecidos pelos funcionários do serviço exterior, trazendo benefícios concretos para as ações do Brasil fora do país.

Colocando números em perspectiva, a embaixada dos Estados Unidos em Nova Delhi, por exemplo, representa 17 agências do governo federal estadunidense, contando com mais de 500 funcionários americanos dentro de seu complexo na área de Chanakyapuri, e em outros escritórios distribuídos ao redor de Delhi e no restante do país. A embaixada do Brasil na Índia, por sua vez, conta com o apoio de apenas um adido agrícola, um adido militar, e auxiliar, e um adido de inteligência, os quais integram um quadro total, oscilante, de cerca de 15 funcionários brasileiros.

Não obstante a crescente necessidade de maior conhecimento técnico para lidar com as demandas emergentes, o Itamaraty continua reativo à presença de adidos de outros órgãos governamentais para liderar projetos e iniciativas específicas no exterior, considerando sua presença mais como concorrentes do que como parte de uma mesma equipe. Consequentemente, não só o Brasil tem um número reduzido de adidos em suas representações diplomáticas, mas também um notável problema de coordenação entre esses atores.

Por outro lado, o preparo desses novos atores para navegar realidades externas e lidar com diferentes culturas e idiomas permanece consideravelmente limitado, e crescem os interesses políticos em torno da nomeação de apadrinhados para cargos no exterior, em busca de melhores salários, passaportes diplomáticos e outros benefícios, o que deve ser coibido.

Nessas circunstâncias, alguns órgãos governamentais vêm discutindo a abertura de seus próprios escritórios no exterior, o que tem alertado para os problemas de coordenação existentes e para a relativa carência de uma grande estratégia nacional. Evidentemente, a abertura desses escritórios envolve processos complexos que passam pela criação de linhas orçamentárias específicas para permitir a utilização de recursos no exterior e o envio de representantes para fora das fronteiras nacionais. São os casos da Apex-Brasil, da Embrapa e da Embratur, para citar alguns exemplos.

Deve-se recordar, por fim, que os recursos mencionados não incluem aqueles de uma diversidade de outras instituições brasileiras com representação no exterior, incluindo governos estaduais, municípios e atores não governamentais, especialmente do setor privado. Embora todos esses "satélites" brasileiros no exterior sejam considerados de grande relevância para a política externa do país, na ausência de uma grande estratégia de longo prazo, transparente e democraticamente construída, esses atores muitas vezes atuam de maneira descoordenada, com limitada troca de informações e duplicando atividades.

UMA SOCIEDADE POUCO PREPARADA PARA LIDAR COM TEMAS DE POLÍTICA EXTERNA

Há relativo consenso de que a política externa mais eficaz é aquela realizada profissionalmente. Segundo Kralev (2018), para abordar questões estratégicas, os governos devem começar a construir ou fortalecer serviços diplomáticos profissionais, o que envolve formação adequada e desenvolvimento de carreira, bem como a disponibilização de ferramentas, recursos e autoridade necessários para o bom exercício de suas atividades.

No Brasil, ainda que seu serviço diplomático profissional seja considerado um dos melhores do mundo, a formação de diplomatas e demais atores da política externa permanece limitada e, muitas vezes, baseada em dicotomias que não existem mais. Ninguém nasce com a capacidade de gerenciar as relações de um país com outros Estados, entender e engajar sociedades estrangeiras, falar vários idiomas ou conduzir negociações complexas. São competências que têm de ser adquiridas, seja através da experiência, seja por meio de formação específica (Santos, 2017).

Equivocadamente, diplomatas de carreira costumam argumentar que o treinamento no trabalho, e não nas aulas em sala de aula, é a única maneira de aprender a prática da política externa. No passado isso até podia fazer algum sentido. Em plena era da revolução das tecnologias de informação e comunicação, não há mais como sustentar argumentos dessa natureza.

Afinal, qual é a natureza do trabalho dos formuladores de política externa? Seria aprender pela experiência ou pela teorização (Santos, 2017: 93)? Como observam Kahneman e Klein (2009), a resposta correta varia de acordo com cada atividade. Para Santos (2017: 95), não se pode mais negar que os métodos científicos permitem responder muito mais sobre política externa do que normalmente se supõe, haja vista a existência de estudos rigorosos a respeito de temas como migração, mudanças climáticas, comércio internacional, eficácia das operações de paz e vários outros assuntos, sugerindo que há muito mais relutância em usar o conhecimento disponível para a elaboração da política externa do que a falta de estudos.

Mesmo no eventual caso de ausência de estudos, as soluções não podem depender apenas da intuição (Santos, 2017). Se a propensão ao sucesso fosse maior do que ao erro no uso da intuição, não haveria tantos problemas. No entanto, a realidade é mais complexa, pois há uma tendência maior a errar do que a acertar quando as pessoas confiam na intuição, que é sujeita a vieses.

Nosso pensamento está sujeito a limitações de conhecimento, de *feedback* e de capacidade de processamento, o que muitas vezes envolve incerteza. É, também, afetado pelo contexto em que tomamos decisões. A maioria de nossas escolhas não é resultado de uma deliberação cuidadosa e perfeitamente racional. Somos influenciados por informações disponíveis em nossa memória, afeto automático, e por informações salientes no ambiente. Também vivemos o momento e tendemos a resistir a mudanças. Somos maus analistas de comportamentos futuros, sujeitos a memórias distorcidas, e afetados por estados fisiológicos e emocionais. Finalmente, somos animais sociais com preferências sociais, como aquelas associadas a confiança, reciprocidade e justiça, consequentemente, somos suscetíveis a normas e pressões sociais.

Em um mundo ideal, as decisões tomadas pelos formuladores de política externa seriam o resultado de cuidadosa ponderação de custos e benefícios, e perfeitamente informadas pelas opções existentes. Ou seja, eles sempre tomariam as melhores decisões. Apesar de terem preferências e crenças, entenderiam corretamente o ambiente e atualizariam suas crenças de forma adequada diante das informações disponíveis, fazendo escolhas que, provavelmente, maximizariam sua utilidade. Há, contudo, muitas variáveis sobre comportamento individual ou em grupo que não podem ser explicadas pela racionalidade.

Compreender a irracionalidade das nossas lideranças nos faz ter cada vez mais certeza da importância da democracia e de seus contrapesos. No campo da política externa, nos leva a ter convicção sobre a necessidade de renovação dos processos existentes, com vista a lhes conferir maior efetividade, transparência e legitimidade.

Se os desafios associados à formação de líderes e diplomatas para o exercício da política externa são capazes de gerar discussões de tamanha complexidade, imagine então a extensão dos limites relacionados ao treinamento de outros atores governamentais e não governamentais para representar os interesses do país no exterior.

No caso do Brasil, esses limites começam pela própria educação primária da população. Embora o país tenha feito avanços importantes nas últimas décadas, ainda há uma porcentagem significativa de pessoas que não sabe ler nem fazer cálculos básicos, e uma porcentagem muito maior daqueles que não sabem escrever documentos longos, analisar dados simples ou falar línguas estrangeiras.

De acordo com o Instituto Brasileiro de Geografia e Estatística (IBGE), em 2018 havia 11,3 milhões de analfabetos com 15 anos ou mais, enquanto o total de analfabetos funcionais na mesma faixa etária somava 38 milhões de pessoas, cerca de 18% da população total do país. Na análise por cor ou raça, em 2018, apenas 3,9% dos brancos com 15 anos ou mais eram analfabetos, percentual que sobe para 9,1% entre negros ou pardos. Na faixa etária de 60 anos ou mais, a taxa de analfabetismo dos brancos chega a 10,3% e, entre os negros ou pardos, sobe para 27,5%.

A cada dez brasileiros, três não são capazes de resolver operações básicas que envolvem, por exemplo, o total de uma compra ou o cálculo do troco. Para essas pessoas, muitas tarefas cotidianas são grandes desafios, dificultando o exercício da cidadania e a vivência com autonomia. Segundo dados do

IBGE, entre a população considerada funcionalmente alfabetizada, apenas um em cada dez brasileiros pode ser considerado proficiente e capaz de analisar, por exemplo, gráficos de duas variáveis.

Em relação ao domínio de línguas estrangeiras, a situação é muito pior. Pesquisas do British Council mostram que apenas 5% da população brasileira sabe se comunicar em inglês (10,5 milhões de pessoas), e que só 1% é fluente no idioma. Vários fatores contribuem para isso, incluindo as horas limitadas de ensino de línguas nas escolas e a falta de ensino obrigatório de línguas no passado. Ademais, a maioria dos professores de inglês não tem qualificação suficiente para ministrar a disciplina e ainda há pouco interesse dos alunos em dedicar tempo para aprender outro idioma.[5]

Elevando a discussão para o nível universitário, o primeiro curso de Relações Internacionais (RI) no Brasil foi criado na Universidade Federal de Brasília (UnB) em 1974. O documento que o criou afirma que a principal preocupação do curso deveria ser dotar os profissionais de instrumentos adequados para atender às necessidades emergentes do modelo de crescimento do país à época (Sandrim, 2012: 2). Desde então, a área de RI tem apresentado crescimento significativo, embora a graduação ainda seja recente e, por isso, padeça de diversas limitações: a começar pelo caráter multidisciplinar de suas matrizes curriculares, que não formam profissionais com perfil definido para o mercado de trabalho, bem como a insuficiência de professores qualificados e de bibliotecas especializadas.

Em 2009, o Brasil tinha 98 cursos de RI. Em 2018, os cursos de RI já eram 134, sendo 33 em universidades públicas e 101 em universidades privadas. No que diz respeito à concentração territorial dos cursos de RI em números absolutos, o estado de São Paulo aparece em primeiro lugar, seguido pelo Rio de Janeiro. A maior presença de cursos na região Sudeste é reflexo da distribuição desigual da riqueza no Brasil e do caráter elitista das relações internacionais no país.

O treinamento da sociedade brasileira para lidar com temas de política externa vai muito além da incorporação de ferramentas analíticas contemporâneas. Passa pela educação de base da população, pelo aprendizado de novos idiomas, pela ampliação de cursos universitários especializados e por profunda mudança de mentalidade das elites dirigentes, no sentido de desenvolver renovadas estratégias de formação dos operadores de política externa.

As academias diplomáticas, as universidades, os *think tanks* e mesmo as escolas de ensino médio devem preparar mais efetivamente os atuais e futuros operadores de política externa para analisarem as bases teóricas das diferentes propostas de inserção internacional do país, nos seus fundamentos lógico-matemáticos, bem como oferecer conhecimentos linguísticos e estatísticos suficientes para que possam avaliar a evidência empírica das alternativas presentes na arena global (Santos, 2017: 100).

EM DIREÇÃO À DEMOCRATIZAÇÃO DA POLÍTICA EXTERNA BRASILEIRA

Para se ter sucesso na atual ordem global, identificar novas abordagens para a resolução de problemas contemporâneos e envolver múltiplos atores no planejamento, decisão e implementação de estratégias tornaram-se não apenas desejados, mas também necessários. Isso não significa que a prevalência de um modelo com base em decisões de cima para baixo deva ser drasticamente desconstruída de um dia para o outro. Implica, diferentemente, que os formuladores de política externa devem estar preparados para receber contribuições de partes interessadas distintas, e com elas trabalhar juntos para abordar de maneira criativa os problemas emergentes e fornecer justificativas mais amplas para suas ações.

Conforme indicado até aqui, a implementação de processos inovadores à formulação de estratégias de política externa poderia contribuir significativamente para abordagens mais efetivas de resolução de problemas. Permitiria, ainda, melhor conectar as estratégias desenvolvidas aos interesses nacionais, legitimar as decisões tomadas e evitar que cada administração possa alterar arbitrariamente o rumo das relações internacionais do país, como foi visto nos últimos anos. Alguns elementos-chave para atingir tais objetivos já foram discutidos.

Considerando as singularidades da prática da política externa brasileira, mudanças estruturais não devem acontecer no curto prazo. Sugere-se, portanto, que os formuladores de política externa brasileiros incorporem gradativamente novas perspectivas à elaboração de suas estratégias, estejam mais abertos ao controle externo e renovem suas ferramentas de interlocução com a sociedade civil em geral.

De maneira mais concreta, poderiam contribuir para a democratização da política externa brasileira: a renovação da participação do Congresso Nacional sobre temas afins, a adoção de métodos contemporâneos de comunicação com a sociedade civil, a expansão de canais de participação on-line e a institucionalização de um Conselho Nacional de Política Externa, coordenado pelo Ministério das Relações Exteriores, com a participação de múltiplos atores. As soluções incluem, ainda, a criação de laboratórios de inovação de política externa com algum tipo de filiação ao governo, visando a fornecer condições controladas para criar e testar alternativas, e a própria modernização do Itamaraty, a passos graduais.

A eleição do presidente Lula em 2023 criou oportunidades para a adoção de novas práticas democratizantes no campo da política externa. A retomada dos conselhos de políticas públicas, as pressões para que cada ministério criasse uma assessoria dedicada à interlocução com a sociedade civil, o espaço conferido à maior participação das mulheres na política externa e as reestruturações já implementadas no Itamaraty são alguns exemplos que corroboram essa afirmativa.

Ainda não se sabe, contudo, até que ponto o arcabouço jurídico atual e as medidas até então implementadas serão suficientes para assegurar mais efetiva − e representativa − participação na definição dos rumos da agenda internacional do Brasil. As decisões seguem restritas a poucos atores, os diálogos entre o Legislativo e o Executivo em matéria de política externa seguem escassos, a comunicação dos formuladores da agenda internacional com a imprensa e a sociedade segue ancorada em formalidades do passado, ainda não se fala na criação de um Conselho de Política Externa, e o Itamaraty continua reativo e pouco propenso a promover reformas estruturais. O mundo não é o mesmo de 20 anos atrás.

POR UM NOVO PAPEL PARA O LEGISLATIVO

O Congresso tem um papel importante na política externa, mas para ser eficaz ele deve ser desempenhado dentro dos limites constitucionais, isento de pressões políticas de curto prazo e gradualmente formalizado pela lei e pela prática. Um dos principais desafios a enfrentar diz respeito ao fato de o Congresso brasileiro não estar equipado para tomar decisões importantes sobre a agenda internacional, e seus parlamentares continuam sendo, acima de tudo, políticos, não tecnocratas, muitas vezes constrangidos por interesses imediatistas e avaliações equivocadas sobre a projeção externa do país, com um toque de demagogia. A consequência natural disso é que os parlamentares seguem tratando as estratégias de longo prazo como questões de curto prazo, focando as próximas eleições e raramente se comprometendo com resultados para além de seus mandatos.

Isso não significa que o Congresso não deva ser parte ativa da formulação e do controle das estratégias de política externa no Brasil. Ao contrário, a participação do Congresso para equilibrar as decisões e as ações do Executivo nunca foi tão importante; e o Executivo deve começar a encarar esses controles com mais seriedade.

Segundo Katzenbach (1970), o Congresso ainda não compreendeu bem seu papel no campo da política externa, nem como poderia ser mais eficaz e influente. O Executivo, por sua vez, não contribui nesse sentido, o que recorrentemente gera desconfianças mútuas. Em vez de se concentrar em detalhes, o Congresso poderia oferecer maior contribuição durante a formulação dos amplos marcos da projeção internacional do país, orientando o Executivo sobre onde e como diretrizes gerais devem ser alteradas ou reorientadas, e avaliando ganhos e perdas potenciais no momento da tomada de decisões, não apenas depois que as estratégias já foram implementadas. Com isso, o Congresso não só asseguraria maior continuidade às decisões, mas também legitimidade a elas.

O crescente número de audiências públicas lideradas pela CREDN e pela CRE têm servido como forma eficaz de trazer à tona questões de política externa, criando oportunidades adicionais para que diferentes atores expressem suas opiniões e posições sobre as decisões tomadas ou a serem tomadas. Embora os produtos dessas iniciativas não sejam necessariamente vinculantes e, portanto, tenham limitada influência sobre as decisões do Executivo, a pressão pública que podem criar tem servido como um mecanismo adicional de freios e contrapesos. Importante resultado das iniciativas do Legislativo em matéria de política externa a ser destacado foi a aprovação da Lei n. 1/2021, pela qual a CRE determinou que, para aprovar a indicação de chefes de missões diplomáticas ou delegações no exterior, cada candidato será orientado, obrigatoriamente, a apresentar um planejamento estratégico para novo posto.

Cabe destacar, ainda que sucintamente, que o Judiciário e a Advocacia-Geral da União também podem contribuir mais ativamente para a formulação da política externa, fazendo controle constitucional e infralegal das estratégias associadas à projeção internacional do país *a priori*. Para isso, precisam ser envolvidos nos processos decisórios desde o início de seus ciclos, evitando eventuais desgastes e custos desnecessários decorrentes de decisões que possam violar a legislação brasileira.

PELA RENOVAÇÃO DA COMUNICAÇÃO COM A SOCIEDADE E POR NOVAS FERRAMENTAS DE *E-DEMOCRACY*

A comunicação pública deve ter como objetivo permitir a interlocução fluida entre o interesse público e a sociedade, informando, orientando, educando e abrindo espaços para novos atores expressarem suas opiniões, cobranças e questionamentos. Ela deve ser eficiente, ágil e adaptada a cada público-alvo, preferencialmente utilizando linguagem simples e objetiva a fim de atingir o maior número de pessoas possível.

Já se foi o tempo em que a comunicação pública era formal e distante do cidadão. No campo da política externa, contudo, isso ainda não se aplica. O diálogo entre os formuladores de política externa, especialmente os diplomatas, a imprensa e a sociedade civil em sua totalidade, segue muito limitado. Diplomatas são treinados para evitar exposição. As informações prestadas costumam ser evasivas e pouco informativas, muito distantes do dia a dia das pessoas, o linguajar usado segue extremamente elitizado, as notas à imprensa são burocráticas e pouco atrativas e a imagem visual das mídias digitais do Itamaraty parece ter parado na década de 1990. Os próprios discursos dos formuladores de política externa, raros de se ver na mídia, costumam ser generalistas, cansativos, geralmente desconectados da audiência para a qual se destinam.

Diferentemente, neste início dos anos 2020, os debates sobre os rumos da agenda externa do país deveriam ser mais amplamente discutidos, divulgados e as dúvidas dos cidadãos prontamente esclarecidas, de modo a evitar especulações, polêmicas e desinformação. O governo precisa se fazer presente de várias formas e usar a comunicação integrada, que passa pelas mídias tradicionais e pelas novas mídias, como ferramenta para se direcionar à opinião pública e com ela se conectar. Atuação em redes sociais e outras maneiras de engajamento multimídia são tendências que vieram para ficar e que complementam a produção de conteúdo.

A relação entre representantes eleitos, burocratas e a sociedade civil está passando por rápido processo de evolução. Uma comunicação pública eficiente é fundamental para definir conceitos e qualificar as estratégias de política pública; estimular o interesse dos cidadãos; identificar demandas sociais; assegurar participação; e criar espaços para a avaliação e o monitoramento das estratégias empreendidas. Ela deve, portanto, ser transparente, o acesso à informação deve ser amplo, a interação com os cidadãos deve ser constante e deve haver canais mais ágeis para reclamações, sugestões, críticas e comentários.

Desenvolver uma comunicação de qualidade para o campo da política externa brasileira vai muito além de modernizações tecnológicas e do volume das mensagens publicadas. É preciso desenvolver amplo planejamento estratégico e customização, o que não pode mais ser feito por burocratas que mal sabem o que é o Instagram. É preciso qualificar a comunicação, delimitando para quais públicos as informações devem ser elaboradas, simplificando o linguajar, criando pontes de contato mais abertas e francas com o público interessado. O setor público também necessita atuar nas mídias sociais com conteúdo relevante, e entregar respostas simples e rápidas, o que exigirá a adaptação das tradicionais assessorias de comunicação de órgãos como o Itamaraty para uma atuação mais moderna e estratégica.

Isso se torna ainda mais relevante se considerarmos que a situação dos meios de comunicação no Brasil ainda é muito arcaica se comparada à de outros países, caracterizada pelo monopólio familiar, baixa circulação de informação sobre temas de política externa, poucos espectadores e um conteúdo predominantemente voltado para a elite. Além disso, a informação é cada vez mais encarada como poder mundo afora, e nossa elite parece bastante ciosa de compartilhá-la proativamente.

De acordo com Lippmann (2009), a produção de conteúdo dos meios de comunicação pode ser dividida em dois grupos. O primeiro é formado por pessoas capazes de analisar, tomar decisões e controlar questões relacionadas a temas complexos, como economia, cultura e política. O segundo grupo compreende espectadores diversos, que se somam numa categoria identificada pelo autor como "rebanho desnorteado". O resultado do privilégio desigual é um conteúdo igualmente desigual, em que o direito à informação da maioria desprovida de poder é violado. Se os formuladores de política externa de fato estiverem engajados com a democratização da agenda internacional do país, terão que promover esforços adicionais para mudar essa realidade, informando e consultando de maneira proativa a sociedade sobre suas estratégias e justificando suas ações.

Desde 2004, a Controladoria-Geral da União (CGU) administra o Portal da Transparência do governo federal, um site de acesso aberto, em que o cidadão pode encontrar informações sobre a utilização do dinheiro público e outros assuntos relacionados, ao qual todos os órgãos do governo devem se adequar. Um passo ainda maior foi a aprovação, em 2011, da Lei n. 12.527, também conhecida como Lei de Acesso à Informação (LAI), que regulamenta o direito constitucional de obter informações públicas. Essa norma criou mecanismos que permitem que qualquer pessoa receba informações públicas da maioria de órgãos e entidades governamentais sem a necessidade de justificativa, inclusive do Itamaraty.

Com base nos ideais que regem a LAI, o Itamaraty poderia, entre outros, desenvolver um grande banco de dados, com acesso livre, sobre discussões e análises ostensivas de política externa, produzidas por suas centenas de representações diplomáticas no exterior, visando a ampliar o acesso à informação e engajar a sociedade na agenda de política externa do país.

As ferramentas de *e-democracy* oferecem amplo arcabouço tecnológico para viabilizar a participação do cidadão na vida política, permitindo não apenas maior interação com as autoridades, mas também a fiscalização da ação pública e o exercício dos mecanismos de democracia participativa. Por meio da internet, é possível ampliar exponencialmente o acesso à informação e o acompanhamento da formulação das políticas de governo, contribuindo para aumentar a participação cidadã de maneiras inovadoras, visando à melhoria da prestação de serviços públicos, à promoção da inovação e ao fortalecimento da democracia. Estamos diante de uma nova realidade tecnológica que, aos poucos, tem exigido dos atores públicos, inclusive daqueles que atuam no campo da política externa, rápida adequação os desafios do século XXI.

POR UM CONSELHO NACIONAL DE POLÍTICA EXTERNA

As discussões sobre a institucionalização de um Conselho das Relações Exteriores no Brasil datam da década de 1980, inspiradas em outros conselhos nacionais, como o Conselho Nacional de Saúde (CNS) e o Conselho Nacional de Educação (CNE). Até os anos 2000, porém, as propostas careceram de consistência e pragmatismo, levando à sua marginalização.

Em 2014, às vésperas das eleições presidenciais no país, que resultaram na reeleição da presidente Dilma Rousseff, alguns atores da academia e da sociedade civil apresentaram proposta mais estruturada de criação de um Conselho Nacional de Política Externa (Conpeb), prevendo a participação de amplos setores da sociedade, incluindo atores tradicionais, setores empresariais, organizações sindicais, movimentos sociais, organizações não governamentais, fundações partidárias, mídia, acadêmicos, *think tanks* e centros de pesquisa.

De acordo com a proposta, liderada pelo Grupo de Reflexão sobre Relações Internacionais (GR-RI), a institucionalização de uma esfera pública de caráter consultivo para discussões democráticas sobre política externa permitiria a formulação de políticas mais efetivas, ao auxiliar o Executivo na condução da agenda externa do Brasil e contribuir para a definição das diretrizes gerais da sua projeção internacional. Também auxiliaria no monitoramento e na avaliação dos resultados das estratégias implementadas.

Sugeriu-se que o Conselho fosse estruturado sob a coordenação do Ministério das Relações Exteriores, buscando estimular seu engajamento e promover a institucionalização da participação da sociedade civil sem a privatização das questões de política externa, garantindo a predominância do interesse público por meio do controle social e da gestão democrática. Na época, a ideia foi aparentemente bem recebida pelo Ministério das Relações Exteriores, mas nada de concreto foi feito para sua implementação.

É verdade que o Itamaraty já mantém consultas informais com diversos grupos sociais, em setores específicos, como meio ambiente, direitos humanos, comércio e cooperação para o desenvolvimento. A novidade aqui seria a existência de um mecanismo permanente, estruturado, com funções consultivas para trazer novas ideias e controlar o poder excessivo do Executivo sobre os processos de formulação de política externa, legitimando estratégias de longo prazo e evitando eventuais desvios de rumo injustificados.

É importante lembrar que o envolvimento de entidades da sociedade civil em um órgão participativo de elaboração e monitoramento das posições internacionais do país não as tornaria agentes decisórias (Klein, 2016). No entanto, a criação de um Conselho Nacional de Política Externa permitiria a elas não apenas estabelecer contatos diretos com os tomadores de decisão, apresentar propostas e alternativas e questionar as políticas empreendidas, mas também contribuir para a modernização das práticas de política externa, trazendo insumos que refletem as demandas autênticas da sociedade nacional. Eventualmente, as reuniões do Conselho poderiam levar à elaboração participativa de um Livro Branco sobre política externa.

O Conselho funcionaria tanto como via institucional doméstica para possibilitar a participação da sociedade civil na formulação da agenda internacional do país, quanto como órgão fiscalizador, pelo qual a sociedade regularia melhor as ações estatais (Klein, 2016), garantindo sua coerência e continuidade além dos quatro anos de mandatos das administrações eleitas, sem ameaçar a liderança do governo e do Ministério das Relações Exteriores no processo decisório sobre a projeção internacional do país.

Para inspirar os formuladores de política externa nacional a repensar a relevância da criação de um Conselho de Política Externa, alguns casos de sucesso no governo federal podem ser ilustrativos. O Conselho Nacional de Saúde (CNS), por exemplo, é um órgão permanente do Sistema Único de Saúde (SUS), que faz parte da estrutura organizacional do Ministério da Saúde. Criado em 1937, tem como missão fiscalizar e monitorar as políticas públicas vinculadas ao setor de saúde, levando as demandas da população ao poder público. O CNS é composto por 48 conselheiros do Ministério da Saúde, de movimentos sociais, instituições governamentais e não governamentais, entidades profissionais de saúde, comunidade científica, prestadores de serviços e entidades empresariais da área da saúde. O Conselho tem eleições a cada três anos para escolher seus membros. Entre suas principais atribuições, o CNS é responsável pela realização de conferências e fóruns para aumentar a participação social, além de aprovar o orçamento da saúde e acompanhar sua execução.

O Conselho Nacional de Educação (CNE), por sua vez, tem atribuições de caráter normativo, deliberativo e também consultivo ao Ministro da Educação no desempenho de suas funções e atribuições em matéria de educação. A CNE é especificamente responsável por formular e avaliar a política nacional de educação e garantir a participação social na melhoria do sistema educacional brasileiro. O Conselho está dividido em câmaras, que emitem pareceres e decidem de forma autônoma sobre os assuntos que lhe são pertinentes.

Com capacidades mais limitadas em relação aos exemplos anteriores, o Conselho Nacional de Segurança Alimentar e Nutricional (Consea) é um órgão consultivo da presidência da República. O Consea é composto por dois terços de representantes da sociedade civil e um terço de representantes do governo, sendo sua presidência sempre exercida por um representante da sociedade civil. Na prática, o Conselho funciona como um espaço institucional, de caráter consultivo, de controle social sobre a formulação, o monitoramento e a avaliação de políticas públicas de segurança alimentar e nutricional.

O Comitê Brasileiro de Direitos Humanos e Política Externa (CBDHPE),[6] por sua vez, é uma coalizão formada por organizações da sociedade civil e instituições estatais, com o objetivo de fortalecer o controle democrático sobre as posições brasileiras na área de direitos humanos. Embora nunca tenha exercido influência vinculante sobre as ações externas do país no campo dos direitos humanos, pode-se dizer que tem contribuído para monitorar os processos decisórios, incluindo a negociação, a ratificação e a implementação de instrumentos regionais e internacionais. Entre suas ações mais relevantes, o CBDHPE participou de audiências públicas sobre a agenda brasileira de direitos humanos e acompanhou a elaboração dos relatórios do Conselho de Direitos Humanos das Nações Unidas (CDH).

PELA CRIAÇÃO DE LABORATÓRIOS DE INOVAÇÃO EM POLÍTICA EXTERNA

Os laboratórios de inovação visam a catalisar mudanças, desconstruindo gradualmente a cultura burocrática dominante e criando espaços onde novas ideias possam surgir. Em 2013, as estimativas apontavam para 16 laboratórios governamentais no mundo – nenhum deles na América Latina –, aumentando significativamente para 123 países em 2020.[7] No governo brasileiro, estima-se que existam mais de 43 laboratórios de inovação, nos três poderes e esferas da União (Sano, 2020), mas nenhum voltado para questões de política externa.

A criação de laboratórios de inovação em unidades de governo reflete a reação do setor público a transformações tecnológicas, econômicas e sociais contemporâneas, e a pressões para que o Estado atenda à população de maneira mais eficiente e transparente. Essa tendência decorre do reconhecimento da insuficiência das soluções até então utilizadas para resolver problemas complexos na esfera pública.

Laboratórios de inovação especificamente dedicados ao setor de política externa ainda são poucos e recentes – a exemplo do *Diplomacy Lab*, do Departamento de Estado dos Estados Unidos –, em grande parte devido às dificuldades enfrentadas para a experimentação de novos processos na projeção internacional de um país. Isso não deve impedir, contudo, que a política externa, como outras políticas públicas, possa beneficiar-se de metodologias contemporâneas para analisar sistematicamente os fatores que influenciam benefícios, custos e eficácia de escolhas estratégicas, bem como para prestar contas de tais escolhas à sociedade.

Considerando as singularidades da prática da política externa brasileira, uma abordagem pragmática sugere que a criação de um laboratório de inovação em política externa, no âmbito do Itamaraty, teria mais chances de sucesso no desenvolvimento de processos inovadores a fim de auxiliar na identificação de soluções conjuntas para problemas específicos do Ministério, bem como de outros atores com interesses na agenda internacional do país.

Tendo em vista que a criação de um laboratório de política externa no Ministério das Relações Exteriores teria que se adequar à estrutura institucional existente, sua implementação poderia ser realizada em etapas, visando a assegurar o apoio necessário à sua própria consolidação, bem como ao engajamento de funcionários do serviço exterior e outros atores. Ao ser colocado dentro do ministério, o laboratório também contaria com mais legitimidade e confiabilidade para coordenar as contribuições de múltiplos *stakeholders*, e conectar análises atuais e de longo prazo às ações tomadas pelos formuladores da política externa.

Em linhas gerais, o laboratório poderia ter três objetivos norteadores. O primeiro, mais tangível e imediato, seria o de canalizar sugestões e análises de jovens diplomatas, e de outros atores governamentais e não governamentais, consolidá-las e encaminhá-las, na forma de *policy papers*, para os tomadores de decisão. O segundo buscaria identificar novas maneiras de enquadrar os problemas e os desafios emergentes, focando os meios, não os fins. O terceiro objetivo, com impactos de médio e longo prazo, visaria a coordenar as iniciativas dos principais atores da política externa brasileira e capacitar, adicionalmente, novos operadores para atender às demandas presentes e futuras. Seria um modo de abrir caminhos para diferentes formas de pensar, preservando a confidencialidade dos resultados alcançados e estimulando a confiança mútua entre os diferentes participantes.

Em relação à metodologia a ser utilizada, não há dúvidas de que os projetos de política externa são, muitas vezes, complexos e raramente existe apenas uma solução para cobrir todo o espectro de desafios identificados durante o processo de pesquisa. Para ampliar a compreensão dos problemas e apresentar alternativas inovadoras para abordá-los, diferentes metodologias poderiam ser usadas, de acordo com o objeto em análise, incluindo modelos lineares e perspectivas associadas ao *design thinking*, em que as estratégias são pensadas como sistemas de sobreposição de espaços, incluindo inovação aberta, colaboração em rede, cocriação e abordagem prospectiva.

A criação de um laboratório de inovação no Itamaraty representaria, em si, um experimento que proporcionaria condições controladas para criar e testar alternativas e sugestões, seguindo métodos associados à lógica experimental de pesquisa e ao aprendizado com ciclos iterativos.

POR REFORMAS ESTRUTURAIS
NO MINISTÉRIO DAS RELAÇÕES EXTERIORES

Há elementos institucionais que geram reconhecimento dentro de um grupo e um senso de identidade entre seus membros, estabelecendo expectativas coletivas que se reproduzem e resultam em soluções de continuidade pela tradição (Pereyra, 2014: 85). No Brasil, um desses grupos, representado por sua elite diplomática, vem moldando os valores da atuação externa do país desde o início do século XX, com maior ou menor prevalência, dependendo de cada administração eleita.

Segundo Pereyra (2014: 86), o que permite definir a identidade institucional do Itamaraty "é uma burocratização e racionalização weberiana como 'significante vazio'". Isso se traduz no fato de que as unidades burocráticas do Ministério das Relações Exteriores têm funcionado historicamente de acordo com padrões específicos, cujos comportamentos são determinados por rotinas altamente hierarquizadas e orientados por objetivos, em parte, voltados a maximizar os valores inerentes à própria organização, com pouca margem para questionamentos e críticas.

Com carreira regular e concursos públicos altamente concorridos para a contratação dos seus funcionários, o Itamaraty tem mantido alto grau de coesão institucional, que permitiu a emergência de uma identidade própria, com fiel adesão de seus membros. Tal afirmação tem um lado positivo e um negativo, com profundas implicações para a formulação da política externa nos dias atuais. Se, por um lado, a institucionalização do serviço diplomático contribuiu para "despolitizar" a política externa do Brasil no passado, por outro, levou a um relativo insulamento burocrático da instituição.

EM DIREÇÃO À DEMOCRATIZAÇÃO DA POLÍTICA EXTERNA BRASILEIRA

A coesão do Ministério das Relações Exteriores também foi reforçada por sua autonomia ao longo da história. Outros órgãos do Executivo, o Legislativo, partidos políticos, sindicatos, empresas e a sociedade civil tendiam a ignorar o domínio da política externa, considerado distante da realidade nacional, com pouca influência sobre os processos eleitorais e associado a conjuntos de habilidades muito exclusivas, como o domínio de diferentes idiomas, contexto em que os pontos de vista do Itamaraty tendiam a ser automaticamente referendados. Soma-se a isso o fato de que, até os anos 1990, o Brasil seguia de certa forma isolado comercialmente do resto do mundo, devido a um longo processo de substituição de importações. Seguramente, isso não impediu que indivíduos de fora da instituição fossem nomeados chanceleres. No entanto, depois dos ministérios militares, o Itamaraty tem sido o menos aberto a nomeações políticas.

Juntos, esses elementos garantiram continuidades estruturais às relações internacionais do país ao longo da história. Entretanto, diante do surgimento de novas agendas e atores, bem como de tecnologias inovadoras de informação e comunicação, crescentes pressões pela democratização dos processos decisórios também chegaram ao domínio da política externa, passando a desafiar a autoridade do Itamaraty e a exigir de seus tomadores de decisão a revisão de estruturas e abordagens tradicionais para a resolução de contradições que vêm se acumulando por mais de um século.

Aos poucos, a desconstrução da premissa de consenso positivo em torno dos rumos da política externa brasileira começou a evidenciar a existência de um déficit democrático oriundo da falta de transparência nos processos decisórios e da inexistência de canais adequados de representação dos interesses da sociedade (Souza, 2018). De acordo com Faria (2012), se hoje há evidências de maior porosidade no processo de produção da política externa brasileira, ainda é prematuro afirmar que houve uma mudança em suas raízes, caracterizada por um formato claramente de cima para baixo.

Para tornar o quadro ainda mais complexo, esse modelo altamente hierárquico implica progressão de idade. Diante de rápidas e inéditas mudanças na sociedade nacional e na ordem global, contudo, cresce a demanda por novas mentalidades, mais jovens e cientes dos desafios emergentes, as quais muitas vezes continuam limitadas pelas tradições da "casa do Barão do Rio Branco".

As mudanças do passado não são mais suficientes

Com base na classificação de Cheibub (1984a), Souza (2018) dividiu a história do Itamaraty em quatro momentos: patrimonial, carismático, burocrático-racional e período da democratização. O período patrimonial inicia-se com a independência do Brasil e refere-se, essencialmente, ao período monárquico no país. Uma característica importante do período patrimonial é a rara distinção entre o interesse pessoal do administrador e o interesse público.

O momento carismático se passa durante a gestão do Barão do Rio Branco, o qual acreditava que "grande parte da atividade diplomática consiste em saber se relacionar e dar a impressão desejada àquele com quem você está se relacionando..." (Moura, 2003: 65). Pode-se argumentar que o Barão se preocupou em projetar a imagem do Brasil no exterior, embora tal imagem fosse associada a uma aristocracia branca, masculina e intelectual.

EM DIREÇÃO À DEMOCRATIZAÇÃO DA POLÍTICA EXTERNA BRASILEIRA

A partir de 1912, inicia-se uma fase de racionalização e burocratização do Itamaraty, de certa forma, estendendo-se até este início de século XXI. Segundo Cheibub (1984a), a construção do moderno Itamaraty tem início com a Reforma Mello Franco, em 1931, que introduziu a aposentadoria compulsória, por idade e tempo de serviço, e a rotação dos empregados que serviam no exterior, obrigando-os a periodicamente retornar ao Brasil.

A maior conquista desse longo período, no entanto, foi provavelmente a criação, em 1945, do Instituto Rio Branco, a academia diplomática brasileira, visando à profissionalização do corpo diplomático. Com a criação do concurso público para ingresso no Itamaraty, as nomeações deixaram de prevalecer, em teoria, levando a uma heterogeneidade maior entre seus membros. Em contrapartida, o Instituto acabou desempenhando um papel vital na padronização e na criação de um *esprit de corps* nos diplomatas, mantendo a coesão do Itamaraty. De fato, ingressar no corpo diplomático brasileiro exige ajustes de comportamento e de expectativas, considerados essenciais para a adaptação ao sistema de crenças e ritos que atribuem identidade aos diplomatas e os classificam hierarquicamente dentro do universo do Itamaraty (Souza, 2018).

Isso é reforçado pelo tipo de conhecimento transmitido pela academia diplomática, diretamente relacionado ao aprendizado pela experiência. Segundo Santos (2017: 93), tal conhecimento é profundamente dependente da história de importantes líderes e diplomatas do passado, e do tipo de regras que foram se tornando obrigatórias. Assim, o Instituto parece mais dedicado a racionalizar ideias preconcebidas sobre relações internacionais do que a desenvolver disciplinas verdadeiramente científicas. Até os dias de hoje, não há disciplinas de análise de dados, estatística, análise qualitativa, gestão de pessoas ou liderança, aspectos cada vez mais exigidos de funcionários públicos no exercício de suas atividades.

Durante o período militar, o Itamaraty teve considerável espaço para determinar a agenda externa do país, beneficiado pelo reconhecimento do profissionalismo dos diplomatas pelos militares, bem como pelas semelhanças entre suas estruturas profissionais em torno do princípio de hierarquia (Souza, 2018). A autonomia do Ministério das Relações Exteriores no período contribuiu adicionalmente para a centralização de seus processos decisórios, com pouco espaço para intervenções externas (Faria, 2012).

O processo de democratização do Brasil levou ao início também da democratização dentro do Itamaraty, embora sem ruptura significativa com relação ao período burocrático-racional anterior. Uma vez que o novo regime foi implementado, o Ministério das Relações Exteriores teve que renovar seu discurso para lidar com a influência de novos atores no campo da política externa e com pressões por maior transparência.

O período de redemocratização do país também foi acompanhado pela revolução das tecnologias de informação e de comunicação, que minaram o quase monopólio do Itamaraty sobre os canais de comunicação com o exterior e o acesso a interlocutores estrangeiros, fator que permitia ao Ministério das Relações Exteriores relativa "blindagem" no que tange a concorrências interinstitucionais. Se, no passado, o Itamaraty podia beneficiar-se desse privilégio para aguardar passivamente que as demandas chegassem a ele,

EM DIREÇÃO À DEMOCRATIZAÇÃO DA POLÍTICA EXTERNA BRASILEIRA

desestimulando em grande parte sua proatividade, a partir dos anos 1990 novos atores governamentais e não governamentais aventuraram-se no campo das relações internacionais, crescentemente ignorando a autoridade do Itamaraty e até mesmo conflitando com ela.

Para se adequar à realidade emergente, novas práticas administrativas foram implementadas, incluindo a criação de um novo regime jurídico, em 1986, que determinou a tipificação de cargos e a criação de Subsecretarias-Gerais, agora chamadas Secretarias. Durante os primeiros mandatos do presidente Lula, a ideia de que a diplomacia deveria refletir mais efetivamente a realidade do país levou a outra reforma da instituição, que aumentou em quase 40% o quadro diplomático, embora tal decisão não tenha sido acompanhada por ampla estratégia sobre como melhor selecionar e utilizar os candidatos. Novas representações diplomáticas também foram criadas, chamando cada vez mais a atenção para a relevância da agenda externa do país.

Ao passo que cidadãos comuns começavam a ter maior ciência sobre temas da agenda internacional e a ser influenciados por eles, burocratas de outros órgãos do governo e políticos começaram igualmente a vislumbrar formas de assumir o controle de assuntos específicos da política externa, por causa de questões temáticas propriamente ditas, por interesses eleitoreiros de curto prazo ou para se beneficiarem privilégios que antigamente pareciam ser exclusivos de diplomatas, incluindo as viagens internacionais.

O Itamaraty também foi forçado a se adaptar aos novos padrões nacionais de transparência, embora a princípio de maneira reticente, já que isso implicaria, em parte, a perda de alguns de seus poderes. A criação do Portal da Transparência do governo federal e da Lei de Acesso à Informação trouxeram importantes avanços nesse sentido.

Apesar dos avanços mencionados, Souza (2018) alega que o Itamaraty continua se apresentando como uma comunidade altamente fechada em si, com certo grau de autonomia e com uma visão de mundo própria. Essas características servem não apenas para preservar o *status* do corpo diplomático em uma realidade cada vez mais competitiva, mas também para alimentar a ilusão de que os diplomatas são os únicos capazes de representar efetivamente a sociedade nacional na arena global. Tal visão tem-se provado equivocada. Tanto isso é verdade que um número crescente de instituições e agências do governo, do setor privado e da sociedade civil, vem assumindo, de forma gradual e proativa, competências que antes cabiam exclusivamente aos diplomatas.

Na contramão das ferramentas e dos mecanismos de política pública desenvolvidos nos últimos anos, em vez de se modernizar, a formulação da política externa brasileira continua caracterizada por processos altamente hierarquizados; ausência de planejamento de longo prazo; acentuados desequilíbrios de poder na tomada de decisões; questões orçamentárias estruturais; e falta de treinamento para seus operadores.

É chegada a hora de "sair da caixa", e usar a inconteste excelência e capacidade dos quadros do serviço exterior brasileiro para assumir a coordenação desses novos processos e indicar os caminhos a seguir. É chegado o momento de reinventar as atividades e as funções na Secretaria de Estado e nas embaixadas, as rotinas, as atuais divisões de tarefas. Recriar estruturas do passado não será suficiente para atender aos desafios contemporâneos e às pressões por maior participação.

É preciso criar novas unidades de planejamento, de coordenação intersetorial, de gestão de pessoal, realocar os quadros com base em suas habilidades e necessidades do Estado brasileiro, promover diálogos regulares, formais e informais, com outros atores de política externa. É necessário pensar além de atividades e rotinas do dia a dia.

O Itamaraty terá inevitavelmente que se abrir mais à sociedade nacional, e o atual momento político vivido no país, e na própria instituição, é favorável a isso. O aumento da presença de mulheres em postos de chefia do Ministério, a abertura de novos espaços para que diplomatas mais modernos expressem suas preocupações e a criação de canais de contato mais eficientes com outros atores de política externa são importantes sinais de mudanças. Resta saber até quando a instituição resistirá até admitir a necessidade de reformas estruturais como condição essencial para manter seu prestígio e excelência e, assim, preservar seu papel central na definição dos rumos da projeção internacional do país em benefício da sociedade brasileira.

Considerações finais

As oscilações na evolução da política externa brasileira em anos recentes revelaram a ausência de uma grande estratégia de projeção internacional de longo prazo, que seja amparada por processos contemporâneos de formulação de políticas públicas.

Se, no passado, os princípios de soberania, autonomia, não intervenção e desenvolvimento nacional, associados à institucionalidade do Ministério das Relações Exteriores, garantiram certa coerência na maior parte das ações e iniciativas do país no exterior, eles deixaram de ser suficientes para atender às novas demandas nacionais e internacionais.

Na nova era das tecnologias de informação e comunicação, das redes globais e das rápidas mudanças na ordem internacional, inéditas oportunidades se abriram ao Brasil, aumentando o interesse nacional pelo campo das relações internacionais e, consequentemente, levando a novas demandas por transparência, prestação de contas e participação.

Em diversas partes do mundo, as decisões construídas pela participação coletiva têm se mostrado eficientes, como sólida resposta ao déficit qualitativo da democracia representativa e às pressões pelo reconhecimento da sociedade como sujeito político ativo, que se reflete no empoderamento dos cidadãos.

As causas estruturais dos desafios enfrentados pela política externa brasileira derivam de problemas de longa data, enraizados na história do país, em seu sistema de dominação e na cultura de planejamento de curto prazo, recentemente agravados, pela combinação de alto grau de instabilidade política e resultados econômicos instáveis. Abordar essas questões envolveria, no entanto, amplas reformas e mudanças de mentalidade que dependem de processos geracionais.

No entanto, discutiu-se nestas páginas que há também causas mais tangíveis a serem enfrentadas, bem como formas mais concretas e objetivas de garantir, no curto e no médio prazos, que as estratégias de política externa brasileira sejam definidas de modo mais responsável, transparente e democrático, conectando melhor as estratégias implementadas às demandas apresentadas por múltiplos segmentos da sociedade.

Não obstante as recentes pressões pela democratização da política externa brasileira, as decisões permanecem restritas a poucos atores, nem sempre sujeitas à prestação de contas à população em geral e, eventualmente, implementadas em benefício de poucos setores, enquanto o restante da população é convidado a esperar pela realização de um maleável conceito de desenvolvimento que tem tardado a chegar.

Os processos de formulação associados à política externa brasileira continuam caracterizados por limitadas estratégias de planejamento e colaboração intersetorial, acentuados desequilíbrios de poder na tomada de decisões, questões orçamentárias estruturais, problemas de comunicação e falta de treinamento para atores sociais com interesses na arena global. Como consequência, muitas vezes há uma grande desconexão entre as estratégias empreendidas e as demandas de diversos segmentos da sociedade brasileira, confirmando a existência de um importante déficit democrático.

A administração pública do século XXI está passando por profundas mudanças, impulsionadas pela diversificação dos serviços prestados e pela crescente influência de novos atores nos processos decisórios, o que torna os problemas emergentes cada vez mais complexos. Para enfrentar esses problemas, existem elementos-chave que se mostraram essenciais para uma gestão pública eficaz, alguns dos quais também podem ser aplicados no campo da política externa.

Conforme destacado, justificando objetivos relevantes, identificando alternativas em associação com múltiplos atores e comparando-os sistematicamente para apoiar decisões que devem ser financeira, moral e legalmente viáveis, os formuladores de política externa brasileiros devem ser capazes de tomar decisões mais sustentáveis, legítimas e eficazes.

Considerando as singularidades da prática da política externa brasileira, ficou demonstrado que mudanças estruturais não devem acontecer no curto prazo. Sugere-se, assim, que os formuladores da agenda internacional do país incorporem, aos poucos, novas perspectivas à elaboração de suas estratégias.

Mais concretamente, foi apontado que poderão contribuir para a democratização – e renovação – da política externa brasileira o aprimoramento das relações entre os poderes da República em temas internacionais; maior participação do Itamaraty nos processos decisórios internos, incluindo orçamento; a institucionalização de um Conselho Nacional de Política Externa; o desenvolvimento de novos modelos de treinamento e capacitação para os atores da política externa e para a sociedade em geral; a criação de laboratórios de inovação de política externa com algum tipo de filiação ao governo, visando a fornecer condições controladas para criar e testar alternativas e soluções; a adoção de métodos contemporâneos de comunicação com a sociedade civil e a expansão de canais de participação on-line; o desenvolvimento de um grande banco de dados, com acesso livre, sobre discussões e análises ostensivas de política externa; e a promoção de reformas estruturais no Itamaraty.

O crescente número de audiências públicas lideradas pelo Congresso Nacional, tanto pela CREDN quanto pela CRE, representa um sinal positivo, pois elas vêm contribuindo para trazer à tona questões de política externa, e criar oportunidades para que novos atores expressem suas opiniões e posições. Também têm servido para constranger os tomadores de decisão a serem mais responsáveis e transparentes, exigindo justificativas racionais sobre as decisões tomadas, expondo contradições e informando melhor a população sobre a agenda externa do país.

Embora as discussões sobre a criação de um Conselho Nacional de Política Externa ainda não tenham sido bem-sucedidas, não se pode mais negar que a criação de grupos de trabalho interministeriais, para tratar de estratégias e ações específicas de política externa, já se tornou uma realidade, influenciando parcialmente as decisões a serem tomadas. As atividades desses grupos de trabalho, no entanto, permanecem atreladas a processos formais e morosos, que parecem não atender às demandas emergentes por mais eficiência, transparência e celeridade.

CONSIDERAÇÕES FINAIS

O aumento do número de cursos de Relações Internacionais no país reflete avanços na democratização do acesso à formação especializada para navegar na ordem global, e reforça a convicção da importância de investir nesse novo tipo de formação (Sandrim, 2012: 5), embora ainda não tenha sido suficiente para desmistificar seu *status* elitista.

Na mesma direção, desde o primeiro governo Lula, a ideia de que a diplomacia deveria refletir mais efetivamente a realidade do país começou a ganhar força, levando a reformas pontuais no Ministério das Relações Exteriores, que contribuíram para aumentar o quadro diplomático brasileiro; diversificar o perfil dos funcionários do serviço exterior; e dar encaminhamento inicial a questões de gênero.

Pressionados por novos padrões nacionais de transparência determinados pela Controladoria-Geral da União (CGU), reforçados pela Lei de Acesso à Informação (LAI), os formuladores de política externa também foram constrangidos a se adaptar para interagir com a sociedade nacional sob diferentes perspectivas, e a divulgar mais informações sobre suas atividades e processos decisórios.

O atual momento histórico do país parece mais aberto a mudanças e renovações. A reeleição de Lula para um terceiro mandato deverá levar o Brasil de volta ao cenário internacional, com renovada estratégia de projeção externa e o reconhecimento de importantes líderes mundiais da relevância do país como ator global. Há, também, novas oportunidades para ampliar a participação social na definição de políticas públicas e para o fortalecimento dos mecanismos de prestação de contas à sociedade, com a recriação dos conselhos e abertura de novos canais de diálogo.

No Itamaraty, ao passo que mulheres começam a assumir posições de chefia relevantes, pessoas de diversas partes do país e de diferentes perfis já circulam pelos corredores. Diplomatas mais modernos também identificaram novos espaços para pressionar por mudanças, e parece haver maior disposição das chefias para dialogar com opiniões contrastantes. Novas ferramentas de prestação de contas voltaram a ser discutidas e a LAI tem sido crescentemente acionada.

Para que esses resultados iniciais sejam sustentáveis para além dos quatro anos do mandato de Lula, no entanto, mudanças estruturais na governança da política externa também serão necessárias. O contexto internacional de hoje é diferente daquele de duas décadas atrás, e para atender às demandas emergentes será necessário promover uma ruptura com os dogmas do passado.

As reflexões e as sugestões apresentadas ao longo deste breve livro não têm como objetivo esgotar o assunto, considerável novo e desafiador para a prática da política externa brasileira. Em vez disso, visam a oferecer massa crítica consistente a fim de estimular reflexões mais amplas sobre soluções alternativas para alguns dos desafios mais prementes da formulação da política externa no Brasil, com base em análises construtivas do lugar do Brasil nos assuntos globais do século XXI, dos valores da sociedade nacional, dos recursos disponíveis e dos problemas estruturais relacionados aos processos de formulação da política externa.

A conclusão à qual se espera que os leitores tenham chegado é a de que, não obstante os desafios existentes, a sociedade brasileira não pode mais esperar passivamente por uma mudança geracional para começar a abordar, na prática, aspectos mais tangíveis e ajustáveis associados à projeção internacional do país, visando a resultados mais consistentes e legítimos. Isso passará inevitavelmente pela maior democratização da política externa brasileira.

Notas

1. Artigo 4º A República Federativa do Brasil rege-se nas suas relações internacionais pelos seguintes princípios:
   I – independência nacional;
   II – prevalência dos direitos humanos;
   III – autodeterminação dos povos;
   IV – não-intervenção;
   V – igualdade entre os Estados;
   VI – defesa da paz;
   VII – solução pacífica dos conflitos;
   VIII – repúdio ao terrorismo e ao racismo;
   IX – cooperação entre os povos para o progresso da humanidade;
   X – concessão de asilo político.
   Parágrafo único. A República Federativa do Brasil buscará a integração econômica, política, social e cultural dos povos da América Latina, visando à formação de uma comunidade latino-americana de nações.
2. Os quatro principais grupos de mídia nacionais concentram uma audiência de mais de 70% no caso da televisão aberta; e, à medida que migram para um ambiente multiplataforma, sua participação de mercado aumenta ainda mais.
3. Disponível em: <https://catalogo.ipea.gov.br/uploads/442_1.pdf>. Acesso em: 15 jan. 2023.
4. Em 2019, o Itamaraty contava com 1.552 diplomatas, 800 oficiais de chancelaria, 456 assistentes, chamados de auxiliares de chancelaria, e 322 funcionários de apoio, num total de 3.130 funcionários. Destes, 1.218 são mulheres, 1.912 são homens; 60,7% de todos os servidores estão em 2023 servindo no exterior. Espelhando a limitada participação de brasileiros em instituições multilaterais, apenas 9 servidores estavam designados para organizações internacionais. Comparativamente, o Departamento de Estado dos Estados Unidos tem 13.000 funcionários do serviço exterior e 11.000 funcionários do serviço público a serviço das relações internacionais do país. Esses números não mudaram significativamente nos anos seguintes.
5. A língua espanhola, por sua vez, é falada nas regiões de fronteira do Brasil, especialmente no estado de Roraima, devido à crise migratória venezuelana. Dados do Instituto Nacional de Estatística da Espanha estimam que cerca de sete milhões de pessoas no Brasil sejam capazes de se comunicar em espanhol.
6. Disponível em: <https://conectas.org/wp-content/uploads/2014/09/CBDHPE-Propostas-Presidenciaveis-Politica-Externa.pdf>. Acesso em: 4 fev. 2023.
7. Parsons DESIS Lab, Nova York e *Apolitical*. Disponível em: <https://apolitical.co/home>. Acesso em: 20 dez. 2022.

Bibliografia

ALMEIDA, P. R. de. "Planejamento no Brasil: memória histórica". *Parcerias Estratégicas*, v. 18, n. 1, 2004, pp. 157-190.
ARBIX, G. "Diretrizes para o desenvolvimento de políticas de inovação no Brasil". *Perspectivas*, Friedrich-Ebert-Stiftung (FES), n. 9, fev. 2017.
BECKER, B. *Geopolítica da Amazônia*. Rio de Janeiro: Zahar, 1982.
BELL, Stephen; HINDMOOR, Andrew Mark. *Rethinking Governance*: the Centrality of the State in Modern Society. Cambridge: Cambridge University Press, 2009.
BESSANT, J. "Enabling Continuous and Discontinuous Innovation: Learning from the Private Sector". *Public Money and Management*, v. 25/1, 2005, pp. 35-42.
BOZEMAN, B. *Public Values and Public Interest*: Counterbalancing economic individualism. Washington, DC: Georgetown University Press, 2007.
BRANDS, H. "Dilemmas of Brazilian Grand Strategy". *Monographs, Books, and Publications*, Strategic Studies Institute, US Army War College, 595, ago. 2010.
BRODKIN, E.; KINGDON, J. "Agendas, Alternatives, and Public Policy". *Political Science Quarterly*, v. 100, n. 1, 2011.
BROWN, T.; KATZ, B. *Change by Design*: how Design Thinking Transforms Organizations and Inspires Innovation. New York: Harper Business, 2009.
BRYSON, J. "What to Do when Stakeholders Matter: Stakeholder Identification and Analysis Techniques". *Public Management Review*, v. 6, n. 1, 2004, pp. 21-53.
_____. "The Future of Strategic Planning". *Public Administration Review*, v. 70, Supplement 1, dez. 2010, pp. S255-67.
_____. *Strategic Planning for Public and Nonprofit Organizations*: a Guide to Strengthening and Sustaining Organisational Achievement. 4. ed. San Francisco: Jossey-Bass, 2011.
_____; ACKERMANN, F.; EDEN, C. "Putting the Resource-Based View of Strategy and Distinctive Competencies to Work in Public Organizations". *Public Administration Review*, v. 67, n. 4, jul./ago. 2007, pp. 702-17.

PELA DEMOCRATIZAÇÃO DA POLÍTICA EXTERNA BRASILEIRA

_____; BERRY, F. S.; YANG, K. "The State of Public Strategic Management Research: a Selective Literature Review and Set of Future Directions". *American Review of Public Administration*, v. 40, n. 5, set. 2010, pp. 495-521.

_____; CROSBY, B. C. Failing into Cross-Sector Collaboration Successfully. In: BINGHAM, L. B.; O'LEARY, R. (eds.). *Big Ideas in Collaborative Public Management*. Armonk: M. E. Sharpe, 2008.

_____; _____; STONE, M. "The Design and Implementation of Cross-Sector Collaborations: Propositions from the Literature". *Public Administration Review*, 66, 2006, pp. 44-55.

_____; _____; _____. Designing and Strategically Managing Cross-sector Collaborations. In: FRATANTUONO, J.; SARCONE, D. M.; COLWELL J. (eds.). *The U.S.-India Relationship: Cross-sector Collaboration to Promote Sustainable Development*. [*S. l.*]: Strategic Studies Institute, US Army War College, 2014.

_____; _____; _____. "Designing and Implementing Cross-Sector Collaborations: Needed and Challenging". *Public Administration Review*, 75, 2015.

CANDIDO, A. *Literatura e sociedade*: estudos de teoria e história literária. 2. ed. São Paulo: Nacional, 1967.

CERVO, A. "Política exterior e relações internacionais do Brasil: enfoque paradigmático". *Revista Brasileira de Política Internacional*, v. 46, n. 2, 2003.

_____. *Inserção internacional*: formação dos conceitos brasileiros. São Paulo: Saraiva, 2008.

_____; BUENO, C. *História da política exterior do Brasil*. 2. ed. Brasília: Editora da Universidade de Brasília, 2002.

CHEIBUB, Z. "Diplomacia e construção institucional: o Itamaraty em uma perspectiva histórica". *Pensamiento Iberoamericano*: Revista de Economía Política. Madri, Cepal, n. 6, 1984a.

_____ *Diplomacia, diplomatas e política externa: aspectos do processo de institucionalização do Itamaraty*. Rio de Janeiro, 1984b. Dissertação (Mestrado) − Universidade Estadual do Rio de Janeiro.

CHHOTRAY, V.; STOKER, G. *Imprint*: Houndmills. New York: Palgrave Macmillan, 2009.

CONFEDERAÇÃO NACIONAL DA INDÚSTRIA (CNI). *Mapa estratégico da indústria 2018-2022*. Brasília: CNI, 2018.

COSTA, T. G. The Concept of Confidence Building: a Brazilian Perspective. In: VARAS, A. et al. (eds.). *Confidence-Building Measures in Latin America*. Washington, DC: Stimson Center, 1995.

DENHARDT, J. V.; DENHARDT, R. B. *The New Public Service: Serving, not Steering*. 3. ed. Armonk: M. E. Sharpe, 2011.

DENHARDT, R. B.; DENHARDT, J. V. "The New Public Service: Serving Rather than Steering". *Public Administration Review*, v. 60, n. 6, 2000, pp. 549-59.

DIAMOND, L. J.; MORLINO, L. *Assessing the Quality of Democracy*. Baltimore: Johns Hopkins University Press, 2005.

DICKINSON, H. *Performing Governance*: Partnerships, Culture and New Labour. Basingstoke: Palgrave Macmillan, 2014.

_____. From New Public Management to New Public Governance: the Implications for a "New Public Service". In: BUTCHER, J. R.; GILCHRIST, D. J. *The Three Sector Solution*: Delivering Public Policy in Collaboration with Not-for-profits and Business. Camberra: ANU Press, 2016.

DONAHUE, J. "On Collaborative Governance". Corporate Social Responsibility Initiative. *Working Paper*, Cambridge, Harvard University, n. 2, 2004.

DOZ, Y.; KOSONEN, M. *Fast Strategy*: how Strategic Agility will Help You Stay Ahead of the Game. Harlow: Wharton School Publishing, 2007.

_____; _____. *For the Future*: Building the Strategic and Agile State. Helsinki: Sitra Studies 80, 2014.

EDWARDS, M. et al. *Dimensions of Governance for the Public Sector*. Public Sector Governance in Australia. Camberra: ANU Press, 2012.

BIBLIOGRAFIA

EMERSON, K.; NABATCHI, T.; BALOGH, S. "An Integrative Framework for Collaborative Governance". *Journal of Public Administration Research and Theory*, v. 22, 2012, pp. 1-29.

EUROPEAN COMMISSION. "Design as a Driver of User-centred Innovation". *Commission Staff Working Document*, SWD (2009) 501 final, 7 abr. 2009.

_____. "Design for Growth & Prosperity, Report and Recommendations of the European Design Leadership Board". *European Design Innovation Initiative*, 2012.

_____. "Implementing an Action Plan for Design-Driven Innovation". *Commission Staff Working Document*, SWD, 2013.

FARIA, C. "Ideias, conhecimento e políticas públicas: um inventário sucinto das principais vertentes analíticas recentes". *Revista Brasileira de Ciências Sociais*, v. 18, n. 51, 2003.

_____. "O Itamaraty e a política externa brasileira: do insulamento à busca de coordenação dos atores governamentais e de cooperação com os agentes societários". *Contexto Internacional*, v. 4, n. 1, 2012, pp. 311-55.

FIORI, J. L. *Geopolítica & guerra*. São Paulo: Outras Palavras, 2013.

FONSECA JR., G. *A legitimidade e outras questões internacionais*. São Paulo: Paz e Terra, 1998.

FURTADO, C. *Formação econômica do Brasil*. São Paulo: Companhia das Letras, 1959.

_____. *Desenvolvimento e subdesenvolvimento*. Rio de Janeiro: Fundo de Cultura, 1961.

GADELHA, H. A diplomacia do futuro e a alcunha do passado: o mito do soft power brasileiro. In: WESTMANN, G. (org.). *Novos olhares sobre a política externa brasileira*. São Paulo: Contexto, 2017.

GALLOP, G. Towards a New Era of Strategic Government. In: WANNA, J. (ed.). *A Passion for Policy*: Essays in Public Sector Reform. Camberra: ANU Press, 2006.

_____. Speech Delivered to the NSW Office of Environment and Heritage on December 3, 2014. *The Mandarin*, 11 dez. 2014. Disponível em: <https://www.themandarin.com.au/13493-geoff-gallop-strategy-public-sector-reform-today/>. Acesso em: 23 maio 2021.

GEORGE, B.; DESMIDT, S. A State of Research on Strategic Management in the Public Sector: an Analysis of the Empirical Evidence. In: JOYCE, P.; DRUMAUX, A. (eds.). *Strategic Management in Public Organizations*: European Practices and Perspectives. Oxfordshire: Routledge, 2014.

GERNER, D. J. The Evolution of the Study of Foreign Policy. In: NEACK, L.; HEY, J. A. K.; HANEY, P. J. (eds.). *Foreign Policy Analysis*: Continuity and Change in its Second Generation. Englewood Cliffs: Prentice Hall, 1995.

GILBOA, E. "The CNN Effect: the Search for a Communication Theory of International Relations". *Political Communication*, n. 28, 2005.

GUIMARÃES, S. P. *Desafios brasileiros na era dos gigantes*. Rio de Janeiro: Contraponto, 2006.

_____. *Quinhentos anos de periferia*. 5. ed. Porto Alegre: Contraponto, 2007.

HOLANDA, S. B. de. *Raízes do Brasil*. 27. ed. São Paulo: Companhia das Letras, 2014.

HOWLETT, M.; MCCONNELL, A.; PERL, A. "Weaving the Fabric of Public Policies". *Journal of Comparative Policy Analysis*, v. 18, n. 3, 2015.

_____; _____; _____. "Moving Policy Theory Forward". *Australian Journal of Public Administration*, v. 76, n. 1, 2016.

HUNTINGTON, S. P. *O choque de civilizações*. Rio de Janeiro: Objetiva, 1997.

IPEA. *Desafios da nação*. Brasília: Ipea, 2018, 2 v.

JAGUARIBE, A. *Covid-19, antes e depois*: algumas reflexões. [*S. l.*]: Centro Brasileiro de Relações Internacionais (Cebri) e Konrad Adenauer Foundation, 2020.

KAHNEMAN, D.; KLEIN, G. "Conditions for Intuitive Expertise: a Failure to Disagree. *American Psychologist*, v. 64, n. 6, 2009, pp. 515-26.

KATZENBACH, N. "Congress and Foreign Policy". *Cornell International Law Journal*, v. 3, n. 1, article 3, 1970.

KEOHANE, R. "Lilliputians' Dilemmas: Small States in International Politics". *International Organization*, v. 23, n. 2, 1969, pp. 291-310.

_____; NYE, J. *Power and Interdependence*. 3. ed. New York: Longman, 2001.

KISSINGER, H. A. "Domestic Structure and Foreign Policy". *Daedalus 95*, 1966, pp. 503-29.

KLEIN, D. C. da S. M. "A política externa brasileira como política pública: a proposta de um Conselho Nacional e a experiência do Comitê Brasileiro de Direitos Humanos e Relações Exteriores". *Mural Internacional*, v. 7, n. 2, jul./dez. 2016.

KLIJN, E.-H. "Governance and Governance Networks in Europe: an Assessment of Ten Years of Research on the Theme". *Public Management Review*, n. 10, 2008, pp. 505-25.

_____; KOPPENJAN, J. "Debate: Strategic Planning after the Governance Revolution". *Public Money & Management*, v. 40, n. 4, 2020.

KRALEV, N. "Diplomats Are Made, Not Born". *The New York Times*. Opinion, New York, 1º fev. 2018.

LESSA, A. C. O ensino de relações internacionais no Brasil. In: CERVO, A. L.; SARAIVA, J. F. S. (orgs.). *O crescimento das relações internacionais no Brasil*. Brasília: Instituto Brasileiro de Relações Internacionais (Ibri), 2005, pp. 33-50.

_____; COUTO, L. F.; FARIAS, R. de S. "Política externa planejada: planos plurianuais e atuação internacional do Brasil, de Cardoso a Lula (1995-2008)". *Revista Brasileira de Política Internacional*, v. 52, n. 1, jan./jun. 2009.

LIMA, Wendell Teles de; OLIVEIRA, Ana Maria Libório; LACORTT, Marcelo; SOUZA, Sebastião Perez. "O (re)pensar da geopolítica no Brasil: 'um mal' e esforço necessário ainda à espera". *Revista Geopolítica Transfronteiriça*, v. 2, n. 1, 2018, pp. 108-24.

LIPPMANN, W. *Opinião pública*. Petrópolis: Vozes, 2009.

MÄÄTTÄ, S. *Mission Possible*: Agility and Effectiveness in State Governance. Helsinki: Sitra Studies 57, 2011.

MINISTÉRIO DO PLANEJAMENTO, ORÇAMENTO E GESTÃO (MPOG). *Plano Plurianual 2004-2007*: Mensagem ao Congresso Nacional. Brasília, 2004.

MOGNATTI, M. C. de F. *Transparência e controle na execução das emendas parlamentares ao orçamento da União*. Brasília, 2008. Monografia (Curso de Especialização em Orçamento Público) – Tribunal de Contas da União, Câmara dos Deputados e Senado Federal.

MOURA, C. *Rio Branco*: a Monarquia e a República. Rio de Janeiro: FGV, 2003.

_____. *O Instituto Rio Branco e a diplomacia brasileira*: um estudo de carreira e socialização. Rio de Janeiro: Editora FGV, 2007.

MULGAN, G. *The Art of Public Strategy*. 2. ed. Oxford: Oxford University Press, 2009.

NEACK, L. *The New Foreign Policy*: US and Comparative Foreign Policy in the 21st Century. Maryland: Rowman & Littlefield, 2003.

_____. *The New Foreign Policy*: Power Seeking in a Globalized Era. 2. ed. Maryland: Rowman & Littlefield, 2008.

_____. *Studying Foreign Policy Comparatively*: Cases and Analysis. 3. ed. Maryland: Rowman & Littlefield, 2014.

NYE, J. S. "Soft Power". *Foreign Policy*, n. 80, 1990, pp. 153-71.

O'LEARY, R.; VIJ, N. "Collaborative Public Management: Where Have We been and Where Are We Going?". *American Review of Public Administration*, v. 42, n. 5, 2012, pp. 507-22.

OLIVEIRA CASTRO, F. *Dois séculos de história da organização do Itamaraty (1808- 2008)*. Brasília: Fundação Alexandre de Gusmão, 2009.

OLIVEIRA, F. Que horas o desenvolvimento chega? In: WESTMANN, G. (org.). *Novos olhares sobre a política externa brasileira*. São Paulo: Contexto, 2017.

_____. "Development for Whom? Beyond the Developed/ Underdeveloped Dichotomy". *Journal of International Relations and Development*, 2019.

OPM; CIPFA. *The Good Governance Standard for Public Services*. London: Hackney Press, 2004.

OSBORNE, S. P. "The New Public Governance?" *Public Management Review*, v. 8, n. 3, 2006, pp. 377-87.

_____ (ed.). *The New Public Governance? Emerging Perspectives on the Theory and Practice of Public Governance*. New York: Routledge, 2010a.

BIBLIOGRAFIA

_____. "Delivering Public Services: Time for a New Theory?" *Public Management Review*, 2010b.

PAQUET, G. *Governance Through Social Learning*. Ottawa: University of Ottawa Press, 1999. (Governance Series). Disponível em: <https://www.jstor.org/stable/j.ctt1cn6qzm>. Acesso em: 30 set. 2022.

PARSONS, W. *Public Policy*. Cheltenham: Edward Elgar, 1995.

PECK, E.; DICKINSON, H. "Managing and Leading in Inter-Agency Settings". *Public Organization Review*, v. 11, n. 4, Springer 2008.

PEREYRA, G. "O ponto de vista da tradição na identidade institucional. O caso do Ministério das Relações Exteriores do Brasil". *Janus.net, e-journal of International Relations*, v. 4, n. 2, nov. 2014, pp. 84-103.

PNUD. "From Old Public Administration to the New Public Service: Implications for Public Sector Reform in Developing Countries". *Global Centre for Public Service Excellence*, 2015.

PIERRE, J.; PETERS, G. B. *Governance, Politics and the State*. London: McMillan, 2000.

RIBEIRO, D. *O povo brasileiro*: a formação e o sentido de Brasil. 2. ed. São Paulo: Companhia das Letras, 1995.

RICUPERO, R. "A maior mudança da política externa". *Política Externa*, v. 21, n. 3, jan./mar. 2013, pp. 95-100.

SANDRIM, T. J. "Graduação em Relações Internacionais no Brasil". *Monções*, v. 1, n. 1, jul./dez. 2012.

SANO, H. "Laboratórios de inovação no setor público: mapeamento e diagnóstico de experiências nacionais". *Cadernos Enape*, 69, 2020. 45 p.

SANTORO, M. "Democracia e política externa no Brasil". *Revista Estudos Políticos*, v. 1, n. 4, 2012, pp. 95-105.

SANTOS, M.; SILVEIRA, M. L. *O Brasil*: território e sociedade no início do século XXI. São Paulo: Record, 2001.

SANTOS, T. R. Pensando devagar em diplomacia. In: WESTMANN, G. (org.). *Novos olhares sobre a política externa brasileira*. São Paulo: Contexto, 2017.

SARTORI, G. *The Theory of Democracy Revisited*: Part One: The Contemporary Debate. Washington. DC: CQ Press, 1987, v. 1. Paperback.

SHAFIR, E. (ed.). *The Behavioural Foundations of Public Policy*. New Jersey: Princeton University Press, 2012.

SOARES DE LIMA, M. R. "A política externa brasileira e os desafios da cooperação sul-sul". *Revista Brasileira de Política Internacional*, v. 48, n. 1, jun. 2015.

SØRENSEN, E.; TORFING, J. (eds.). *Theories of Democratic Network Governance*. London: Palgrave MacMillan, 2007.

SOUZA, H. G. de. "O ethos do Itamaraty: análise sobre a instituição e a socialização dos diplomatas". *Estudos Sociopolíticos e Internacionais da América do Sul, Espirales*, v. 2, n. 3, dez. 2018.

SPIEGELEIRE, S. de et al. *Designing Future Stabilization Efforts*. The Hague: Hague Centre for Strategic Studies, 2014.

THALER, R. H.; SUNSTEIN, C. R. *Nudge*: Improving Decisions about Health, Wealth, and Happiness. London: Yale University Press, 2008.

TROUPIN, S.; POLLITT, C. "Short Literature Review for the Governments of the Future Project". *Deliverable 1*. Independent Academic Exercise, 2012.

VIZENTINI, P. F. *Relações internacionais e desenvolvimento*: o nacionalismo e a política externa independente (1951-1964). Petropolis: Vozes, 1995.

_____. *A política externa do regime militar brasileiro*: multilateralização, desenvolvimento e a construção de uma potência média (1964-1985). Petropolis: Vozes, 1998.

_____. "O Brasil e o mundo: a política externa e suas fases". *Ensaios FEE*, Porto Alegre, v. 20. n. 1, 1999, pp. 134-54.

WAUTERS, B. "Strategic Management in the Public Sector and Public Policy-Making: Friend or Foe?" *European Commission*, 2019.

WESTMANN, G. (org.). *Novos olhares sobre a política externa brasileira*. São Paulo: Contexto, 2017.

O autor

Gustavo Westmann é diplomata e acadêmico. Atualmente, ocupa a posição de assessor diplomático da Secretaria-Geral da Presidência da República. Além de experiências no setor privado, em diferentes áreas do Ministério das Relações Exteriores do Brasil e na Agência Brasileira de Cooperação, já foi chefe dos Setores Econômico e Comercial das Embaixadas do Brasil na Itália, na Indonésia e na Índia. É organizador do livro *Novos olhares sobre a política externa brasileira*, também publicado pela Editora Contexto, e diretor dos documentários *Brasil, país do presente* e *Via sacra da Rocinha: arte e resistência na favela*. Westmann publicou diversos artigos e já foi palestrante convidado em universidades no Brasil e no exterior. Graduado em Direito e em Relações Internacionais, possui três mestrados, sendo o mais recente pela Universidade de Berkeley, e um doutorado em Política Externa pela JGU, na Índia.

GRÁFICA PAYM
Tel. [11] 4392-3344
paym@graficapaym.com.br